Tom Chatfield é escritor e comentarista. Autor de outros três livros que exploram a cultura digital, trabalhou em uma série de empresas, incluindo Google e Mind Candy, e foi palestrante em fóruns como o TED Global e o Congresso Mundial de TI. Colunista quinzenal da BBC, também escreve ficção e toca piano jazz. Para mais informações, acesse: tomchatfield.net.

The school of life se dedica a explorar as questões fundamentais da vida: Como podemos desenvolver nosso potencial? O trabalho pode ser algo inspirador? Por que a comunidade importa? Relacionamentos podem durar uma vida inteira? Não temos todas as respostas, mas vamos guiá-lo na direção de uma variedade de ideias úteis – de filosofia a literatura, de psicologia a artes visuais – que vão estimular, provocar, alegrar e consolar.

# Como viver na era digital
Tom Chatfield

Tradução: Bruno Fiuza

Copyright © The School of Life 2012
Publicado primeiramente em 2012 por Macmillan, um selo da Pan Macmillan, uma divisão da Macmillan Publishers Limited.
Todos os direitos reservados.

Todos os direitos desta edição reservados à
Editora Objetiva Ltda.
Rua Cosme Velho, 103
Rio de Janeiro – RJ – Cep: 22241-090
Tel.: (21) 2199-7824 – Fax: (21) 2199-7825
www.objetiva.com.br

Título original
*How to Thrive in the Digital Age*

Capa
Adaptação de Trio Studio sobre design original de Marcia Mihotich

Projeto gráfico
Adaptação de Trio Studio sobre design de seagulls.net

Revisão
Ana Grillo
Eduardo Carneiro
Cristiane Pacanowsky

Editoração eletrônica
Trio Studio

CIP-BRASIL. CATALOGAÇÃO-NA-FONTE
SINDICATO NACIONAL DOS EDITORES DE LIVROS, RJ

C437c

Chatfield, Tom
    Como viver na era digital / Tom Chatfield; tradução de Bruno Fiuza. - Rio de Janeiro: Objetiva, 2012.
    (The school of life)

    Tradução de: *How to thrive in the digital age*

    176p.   ISBN 978-85-390-0394-5

    1. Tecnologia da informação - Aspectos sociais. 2. Redes de computadores - Aspectos sociais. 3. Internet - Aspectos sociais. 4. Redes sociais on-line. I. Título. II. Série.

12-4815.                                CDD: 303.4833
                                        CDU: 316.422

*"Fui à floresta porque queria viver plenamente, encarar apenas o essencial da vida, e ver se eu poderia aprender o que ela tem a ensinar, para que, quando chegasse a minha hora, eu não descobrisse que não tinha vivido. Não queria viver o que não fizesse parte da vida, e viver é tão bom; e também não queria me resignar de nenhuma forma, exceto quando fosse extremamente necessário. Eu queria viver intensamente e sugar toda a essência da vida..."*
– Henry David Thoreau, *Walden*

# Sumário

Introdução 9

1. Do passado ao presente 17
2. Os momentos conectados e os momentos desconectados 33
3. Assumir o controle 49
4. Reenquadrando a tecnologia 67
5. Compartilhamento, expertise e o fim da autoridade 81
6. Sobre como se tornar menos que humano 101
7. Diversão e prazer 119
8. A nova forma de se fazer política 137

Conclusão 153

Dever de casa 163

Créditos das imagens e dos textos 173

# Introdução

Vivemos num tempo de milagres tão corriqueiros que se torna difícil enxergá-los como algo que está além do curso normal das coisas. O teórico e especialista em tecnologia Kevin Kelly escreveu sobre isso em seu blog, em agosto de 2011:

> Tive de convencer a mim mesmo a acreditar no impossível com mais regularidade. (...) Vinte anos atrás, se eu fosse contratado para convencer uma plateia de pessoas sensatas e esclarecidas que dali a vinte anos as ruas do mundo inteiro estariam mapeadas por fotos de satélite e à disposição em nossos aparelhos de telefone portáteis – de graça –, e com vista para as ruas de muitas cidades, não teria conseguido. Não saberia ilustrar as razões econômicas para que isso fosse oferecido "de graça". Era completamente impossível naquela época.

Os fatos impossíveis de nosso tempo estão apenas começando. Novas formas de colaboração e interação nos esperam, cujo esboço, talvez, possa ser percebido pelo fato de que os telefones com conexão à internet cada vez mais facilmente encontrados em nossos bolsos são mais poderosos do que a maioria dos computadores de dez anos atrás. Daqui a uma década, bilhões de pessoas terão fácil acesso a dados restritos apenas aos governos vinte anos atrás.

O ritmo com que essas mudanças ocorrem é também sem precedentes. A televisão e o rádio foram inventados há cerca de um século; a prensa há mais de quinhentos anos. Em apenas duas décadas, no entanto, fomos da abertura da internet para o público geral à marca de mais de 2 bilhões de pessoas conectadas; e passaram-se apenas três décadas desde o lançamento do primeiro sistema comercial de celular até a conexão de mais de 5 bilhões de usuários ativos.

Essa rede global inteligente deverá, no futuro, conectar-nos não apenas a outras pessoas, mas aos objetos de nosso dia a dia – de carros e roupas a comidas e bebidas. Por meio de chips inteligentes e bancos de dados centralizados, estamos diante de uma forma de conexão sem precedentes não apenas uns com os outros, mas com o mundo construído à nossa volta: suas ferramentas, seus espaços compartilhados, seus padrões de ação e reação. E junto com tudo isso chegam novas informações sobre o mundo, de diferentes formas: informações sobre onde estamos, o que estamos fazendo e do que gostamos.

O que devemos fazer com essas informações? E, não menos importante, o que outros – governos, corporações, ativistas, criminosos, policiais e criadores – já estão fazendo com elas? Conhecimento e poder sempre andaram de mãos dadas. Hoje, entretanto, a informação e a infraestrutura pela qual ela flui não representam apenas poder, mas um novo tipo de força econômica e social.

Em termos intelectuais, sociais e legislativos, estamos anos, se não décadas, atrasados em relação às questões do presente. Em termos de gerações, a divisão entre os "nativos" que nasceram em meio à era digital e aqueles que nasceram antes dela pode parecer um abismo através do qual se torna difícil articular determinadas conclusões e valores compartilhados.

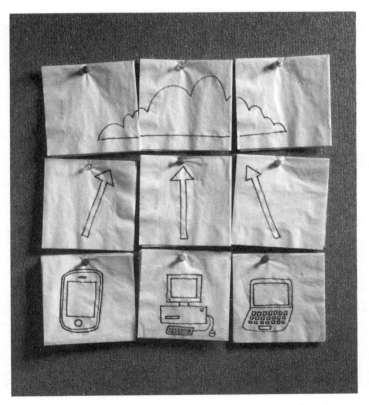

Vivendo em uma nuvem de dados: redes inteligentes estão começando a não apenas nos conectar uns aos outros, mas a tudo, de carros a roupas.

Este livro examina o que pode significar para todos nós não apenas existir, mas prosperar em uma era digital; "viver intensamente", como disse Thoreau, e aproveitar ao máximo as crescentes possibilidades de nosso tempo.

Explorar essas possibilidades é como explorar uma nova cidade ou um novo continente. Adentramos um espaço onde a natureza humana permanece a mesma, mas as estruturas que lhe dão forma nos são estranhas. O mundo digital atual não é apenas uma ideia ou um conjunto de ferramentas, da mesma forma que um dispositivo digital moderno não é apenas algo ativado para nos entreter e nos agradar. Ao contrário – para um número cada vez maior de pessoas, é uma passagem para o lugar onde lazer e trabalho estão interligados: uma arena em que conciliamos de forma contínua amizades, notícias, negócios, compras, pesquisas, política, jogos, finanças e muitas outras atividades.

No que diz respeito à questão de como prosperar, meu objetivo é traçar duas histórias interligadas: primeiro, como nós, no papel de indivíduos, podemos prosperar no mundo digital; segundo, como a sociedade pode nos ajudar tanto a explorar nosso potencial neste mundo quanto a nos relacionar com as pessoas da forma mais humana possível.

Essas duas histórias têm origem no mesmo ponto, com a história dos aparelhos digitais. E isso me põe a explorar uma das questões centrais do presente momento da tecnologia: o que significa poder dizer "não" ou "sim" às ferramentas à nossa disposição, e como podemos aproveitar tudo isso da melhor forma, tanto usando a tecnologia quanto deliberadamente reservando momentos para *não* usá-la.

Também irei tratar dos desafios que praticamente todos nós – cientes ou não disso – enfrentamos dia após dia: questões de identidade, privacidade, comunicação, atenção e o equilíbrio entre tudo isso. Se existe um ponto em comum entre esses itens, é a questão de como a experiência individual se encaixa nesta nova forma de coletividade do século XXI: como o que "eu" sou está relacionado ao que outras pessoas sabem sobre mim, o que eu compartilho com essas pessoas e o que pode permanecer pessoal e privado.

A segunda metade deste livro examina as estruturas culturais e políticas que envolvem essas questões, e como vão ser os "contratos" de cidadania digital apropriada. Por fim, retorno à mais importante das questões: o que significa viver bem em uma era que oferece oportunidades inéditas tanto para o comportamento narcísico quanto para nos conectarmos a outras pessoas.

A natureza da tecnologia digital é tão diversificada quanto a própria natureza humana e pode representar diferentes papéis em nosso cotidiano: facilitador, biblioteca, amigo, sedutor, conforto, prisão. Em última instância, no entanto, todas essas telas mutantes são também espelhos, nos quais temos a oportunidade de enxergar nós mesmos e os outros como nunca antes foi possível. Ou, é claro, podemos desviar o olhar.

# 1. Do passado ao presente

1.

A breve história das interações humanas com as tecnologias digitais é marcada por uma intimidade em constante evolução: da integração, em meio século, de uma ferramenta surpreendentemente nova aos corações de bilhões de pessoas.

Os primeiros computadores digitais, desenvolvidos na década de 1940, eram máquinas enormes e assustadoramente complexas, desenvolvidas e operadas por algumas das mentes mais brilhantes do planeta: pioneiros como Alan Turing, cujo trabalho teórico e prático ajudou os britânicos a decodificar as mensagens cifradas dos alemães durante a Segunda Guerra Mundial.

A geração de computadores que veio a seguir, os mainframes, surgiu no final da década de 1950. Presentes principalmente em instituições acadêmicas e militares, os mainframes ainda ocupavam salas inteiras e continuavam a ser um terreno reservado a especialistas – as informações inseridas eram formadas por comandos altamente abstratos, e as respostas não faziam sentido algum para quem não fosse versado em ciência da computação.

Tudo começou a mudar nos anos 1970, com o surgimento do microprocessador e a chegada dos primeiros computadores aos lares comuns, não apenas aos laboratórios. Thomas Watson, presidente da IBM, ficou famoso por supostamente ter dito, em 1943: "Acredito que exista uma demanda mundial para talvez cinco computadores." Tenha ele dito ou não a frase (a própria Wikipédia afirma que há "poucos indícios" de que isso seja verdade), quando o primeiro computador pessoal foi lançado, em 1971, em forma de kit, ninguém esperava que o mercado doméstico para tais máquinas fosse muito além de alguns milhares de entusiastas.

Os computadores, no entanto, mostraram-se uma atração muito mais poderosa do que esperavam até mesmo os acadêmicos mais ambiciosos. Ao fim da década de 1970, novas máquinas desenvolvidas por empresas como Apple, Commodore e Tandy estavam vendendo centenas de milhares de unidades. A revolução digital havia se tornado pública.

Mas isso era apenas o começo da ininterrupta integração das interações entre os seres humanos e a tecnologia digital. Desde a década de 1970, nossas máquinas têm se tornado cada vez mais poderosas, mais interconectadas e mais fáceis de usar. As que possuímos hoje são centenas de milhares de vezes mais poderosas que a primeira geração doméstica, dez vezes mais baratas e extremamente mais fáceis de usar.

Mais importante do que a capacidade, no entanto, é a *experiência* que essas máquinas proporcionam. Nesse campo, a grande revolução está apenas começando. Isso porque o conceito de "computador pessoal" como sendo um desktop em casa ou um laptop na mochila está sendo gradualmente substituído por outro: o smartphone na mão ou o tablet na mesa, ligados e conectados o tempo todo.

Estamos, eu acredito, gradualmente deixando o mero "computador pessoal" e adotando o que pode ser chamado de "computador íntimo", representando um nível inteiramente novo de integração de tecnologias digitais às nossas vidas. Em cafés e outros espaços públicos, aparelhos digitais pessoais são manuseados com a mesma atenção e a mesma frequência antes reservada apenas a um amigo ou a um animal de estimação. Para a geração dos chamados "nativos" da era digital, o telefone celular é a primeira coisa que você pega quando acorda, pela manhã, e a última a largar à noite, antes de dormir.

## 2.

Todas as tecnologias afetam nosso comportamento à medida que as utilizamos: "moldamos nossas ferramentas, e então as ferramentas nos moldam", como disse o teórico canadense Marshall McLuhan, pioneiro nos estudos sobre as mídias. Ao nos libertar da segurança do modo de vida diário de caçadas e encontros, as tecnologias, desde a agricultura rudimentar à refrigeração, nos ajudaram a construir cidades e civilizações. Ao alterar nossa mobilidade, as tecnologias de transporte alteraram nossas relações com o tempo e o espaço. Somos criaturas tecnológicas. Faz parte de nossa natureza ampliar a nós mesmos e ao mundo – a ir além dos limites e nos adaptarmos.

Desde a invenção da escrita, há mais de 5 mil anos, o mundo vem sendo transformado pelo que o sociólogo americano Daniel Bell chamou de "tecnologias intelectuais": tecnologias que nos permitem desenvolver nossas mentes de maneira semelhante à qual desenvolvemos armas e roupas para aumentar a capacidade de nossos corpos. De mapas a filmes, elaboramos ferramentas que ampliam nossa percepção do mundo, nossa capacidade de aprendizado e de comunicação, e que nos permitem transmitir nosso conhecimento e nossas ideias.

Graças a tecnologias intelectuais como a escrita, nossa mente tem sido engrandecida há milênios.

Contudo, mesmo entre essas tecnologias, os computadores são únicos. Como Alan Turing previu em 1930, no projeto da Máquina Universal de Turing, que seria capaz de computar todas as funções de solução possível, os computadores são a primeira mídia genuinamente universal: mecanismos cuja flexibilidade é praticamente ilimitada.

De palavras a imagens ou filmes, um computador é capaz de simular qualquer mídia. Instalando-se o programa adequado, é possível reproduzir sons, vídeos, imagens e textos à vontade – e estes podem ser enviados e recebidos a uma fração insignificante do custo e do tempo que uma operação semelhante exigia no passado. Pela primeira vez, todas as nossas necessidades de mídia e de comunicação – na verdade, todas as tecnologias intelectuais presentes em nossa vida – podem ser supridas por um único sistema integrado.

Eu ainda posso ir ao cinema para assistir a um filme, se quiser, da mesma forma que posso zapear pelos canais da televisão, ler livros em papel ou ouvir música no reprodutor de CDs do meu aparelho de som. No entanto, em todos esses casos essas ações deixaram de ser extremamente necessárias. A partir do momento em que tenho um dispositivo digital conectado à internet, há um universo inteiro de sons, palavras e imagens na ponta dos meus dedos. Esteja em casa ou na rua, posso ter acesso a qualquer coisa, desde o último episódio de *CSI: Miami* a *Moby Dick*, ou um número infinito de vídeos caseiros com gatos. Também tenho acesso a serviços interativos, incluindo desde jogos até lojas virtuais, que nenhuma outra mídia era capaz de oferecer antes.

Por meio da tecnologia, temos o controle das coisas de uma forma inédita. E, sustentando esse controle, estão as etéreas e infinitamente reprodutíveis estruturas da informação pura: os uns e zeros da

Espaço interior: atualmente há mais páginas na rede do que estrelas em nossa galáxia.

corrente elétrica, por onde todas as possibilidades do termo "digital" fluem, em última instância.

Ao longo da história, o poder das tecnologias que ampliam a capacidade mental esteve sempre limitado pela natureza física da realidade. Até a invenção da prensa, produzir um livro era uma tarefa que demandava centenas de horas de aplicação de uma habilidade bastante específica. E, mesmo depois da invenção da prensa, tanto o volume quanto o custo do papel restringiam o que podia ser registrado em palavras. Durante os primeiros cem anos de sua existência, a gravação de sons estava limitada pelo que podia ser moldado em substâncias como cera ou vinil. O cinema e a fotografia dependiam de matérias-primas caras e escassas: delicados rolos de filme cuidadosamente preparados – e inflamáveis.

Agora, tudo isso é passado. No momento em que escrevo, ao final de 2011, estima-se que a cada minuto é carregada na internet uma hora de vídeo. Crescemos acostumados à ideia de difusão de informação. Por trás de nossa resignação diante do fato de que há muito mais informação à disposição do que jamais conseguiremos absorver, existe, no entanto, uma curva ascendente para representar a soma de toda a informação digital, que cresce em razão exponencial.

Em 2008 havia aproximadamente um trilhão de páginas na internet. Três anos depois, é praticamente inútil tentar estimar esse número, mas ele deve estar na casa de muitos trilhões. Cerca de centenas de bilhões de livros foram publicados em quinhentos anos, desde a invenção da prensa, se considerarmos todas as línguas e todas as edições. Esse volume de informação representa menos de um mês do conteúdo que está sendo carregado na internet atualmente.

O mais importante de tudo, no entanto, é o fato de que os dispositivos digitais não são capazes apenas de exibir e reproduzir informação: eles também podem *animá-la*, dando um sopro de vida a bytes e algoritmos. Quando programamos um computador, não estamos simplesmente criando um objeto, como fazemos ao escrever um livro, pintar um quadro ou desenhar um mapa. Estamos configurando um sistema dinâmico para que outros possam explorar e interagir. Estamos construindo outros mundos.

Talvez esse seja o milagre central de nossa era – e aquele que melhor explica a contínua migração de esforços, atenção, emoção, atividade econômica e inovação em direção às tecnologias digitais. Assim como as cidades funcionaram como ímãs para a maior parte da população ao longo do último século, o reino digital está levando as pessoas ao ponto mais intenso de suas possibilidades: simulações que nos tocam de forma mais profunda do que as meras experiências reais.

3.

Se quisermos conviver com a tecnologia da melhor forma possível, precisamos reconhecer que o que importa, acima de tudo, não são os dispositivos individuais que utilizamos, mas as experiências humanas que eles são capazes de criar. As mídias digitais são tecnologias da mente e da experiência. Se quisermos prosperar junto a elas, a primeira lição que devemos aprender é que só podemos ter esperança de compreendê-las de uma forma construtiva falando não da tecnologia de modo abstrato, mas das experiências que ela proporciona.

Considere a rotina das minhas experiências digitais. Em um dia normal, envio e recebo algumas mensagens de texto, leio e envio de vinte a trinta e-mails, escrevo um bocado de vezes no Twitter e fico em frente à tela do computador de duas a doze horas, conectado, lendo, escrevendo e interagindo on-line.

Enquanto escrevo isto, estou provavelmente me fazendo a mesma pergunta que você se fez agora: para onde vão essas duas a doze horas? Posso responder por parte delas, mais facilmente na forma de contagem de palavras para livros e artigos. Apesar de a resposta mais honesta não ser apenas "não sei", faria menos sentido ainda dividir esta atividade em segmentos como "redes sociais", "blogs" ou "jogos on-line". Fazer isso seria o mesmo que descrever meus hábitos de leitura dizendo que passo duas horas por dia "virando páginas". Em todos esses casos, o significado da experiência está escondido em algum lugar.

Quando leio um livro físico, saber o que estou lendo e por quanto tempo fala bastante da natureza da minha experiência. Mesmo que eu tenha que determinar o que um livro significa para *mim*, estou lendo o mesmo livro que outra pessoa leria, e provavelmente da mesma maneira: do início ao fim. Não estou criando um livro completamente novo conforme avanço na leitura, na ordem que me convém – que é exatamente o que acontece quando uso um serviço como o Facebook.

Além disso, quando uso o Facebook não estou agindo sozinho. Entro numa espécie de espaço público, e a cada minuto reajo às pessoas e aos objetos ao meu redor. Posso atualizar meu status, clicar em alguns links recomendados por amigos, e então me ver mergulhado em uma discussão sobre um livro ou um filme, ou debatendo os méritos de uma noitada. É praticamente certo que irei acessar uma dúzia de links em algum lugar e lê-los enquanto navego por dezenas de outros sites, ao mesmo tempo que checo meus e-mails e escuto música ou algum programa de rádio.

Dizer, depois de uma hora dessa atividade, que eu estava "usando o Facebook" lança pouca luz tanto na natureza quanto na qualidade das minhas experiências. É necessário alguma coisa que combine com o tipo de encontros e interações que eu tive: uma medida dos meus sentimentos, das minhas motivações, e com o reconhecimento de que a realidade disso tudo não é menor por causa da irrealidade do espaço onde eu estava agindo. Provavelmente compartilhei novidades e pontos de vista com dezenas de pessoas durante uma hora on-line – e a maneira como me comporto diante desses acontecimentos irá afetar a forma como eu me sinto pelo resto do dia.

Isso não significa que, quando estou on-line, sou a mesma pessoa que a de carne e osso. Mas faz ver que os melhores critérios para avaliar minha experiência são justamente aqueles que eu aplicaria para a maior parte de todas as outras experiências e interações sociais que vivencio: quanto eu me esforcei para aprender ou para me comunicar; quanto me senti emocionalmente conectado a outras pessoas; quanto essas interações contribuíram para os demais aspectos da minha vida.

Algumas recompensas são mais fáceis de ser encontradas digitalmente. Conseguir o que queremos on-line está, na maioria das vezes, bem distante de nossas necessidades – apesar de ambas as coisas costumarem acontecer rapidamente. Desencarnados, nos movendo pelo espaço virtual, possuímos uma mobilidade muito maior do que quando ocupamos um ambiente físico. Temos maior facilidade tanto para ser altruístas e abertos quanto para ser desonestos e magoar – e tornar nossas vidas mais práticas ignorando a realidade humana por trás de cada tela.

A tecnologia é, nesse caso, uma espécie de amplificador da nossa natureza – um reino de possibilidades que, no pior dos casos, oferece o risco de reduzirmos pessoas a meros objetos: presenças que ligamos e desligamos de acordo com a nossa vontade e às quais devemos pouco respeito e honestidade. Escondidos por trás de complexidades ainda maiores, estamos constantemente expostos ao risco de nos distanciarmos de relações de pleno comprometimento com os outros e de relações de verdadeira introspecção.

Apesar disso, as impressões deixadas pelas últimas três décadas de atividades on-line não são apenas de coisificação e de fácil satisfação própria. Quando observo a paisagem digital de 2011, vejo uma arena desesperada por extrair algo de profundo de seus espaços públicos – para se tornar pessoal e humana a qualquer custo. Como explicar esse desejo de transformar os aspectos digitais de nossas vidas em algo cada vez mais complexo e desordenadamente humano?

## 4.

Os aspectos mais importantes das relações on-line são os laços humanos e a sorte; são eles, acima de tudo, que irão moldar o futuro da tecnologia. Ainda é difícil imaginar um mundo em que cada ser vivo tenha a mesma facilidade que a juventude atual para lidar com a tecnologia. Mas será um mundo em que as distâncias de todos os níveis terão um significado bastante diferente daquele que têm atualmente – e no qual família e amigos, jovens e idosos, irão interagir de forma mais livre e com maior frequência pelas fronteiras de geografia e de idade.

De muitas formas, os idosos, os mais pobres e outros grupos tradicionalmente excluídos são os que mais têm a ganhar com a constante emergência de novas tecnologias: avós que, de outra forma, teriam pouca chance de conhecer seus netos; pessoas de países em desenvolvimento para os quais o contato com a família, os amigos e conhecidos em algum lugar pode fazer uma diferença relevante na qualidade de suas vidas, ou aqueles que há muito foram isolados pela precária infraestrutura, pela pobreza e por restrições políticas.

Acima de tudo, o reino digital atualmente se expande graças às experiências e aos valores humanos que circulam por ele. Se considerarmos somente o Facebook, mais de 750 milhões de pessoas já publicaram por livre e espontânea vontade grande parte de suas vidas privadas em meia década, desde seu lançamento público. Avatares e alter egos em jogos e redes sociais oferecem não apenas uma válvula de escape da realidade, mas um caminho em direção aos outros e a novas formas de conexão. Boatos, mentiras e ódio existem de sobra na internet – mas também novas formas significativas de confiança, desde os bilhões de estrangeiros que negociam artigos no eBay a serviços como Alibaba.com, que permite a mais de 60 milhões de pessoas envolvidas em pequenos negócios casarem suas habilidades e suas necessidades.

É um redemoinho veloz – e muitas vezes bastante perturbador. Mesmo assim, ainda somos *nós*, em toda a nossa humanidade, que penetramos esses novos espaços e vivenciamos essas experiências. E é somente expressando estas experiências no consagrado vocabulário humano de sentimentos, ideais e valores que podemos esperar "viver intensamente" o tempo presente – e compreender um futuro no qual a tecnologia irá nos definir de forma cada vez mais profunda.

# 2. Os momentos conectados e os momentos desconectados

I.

A edição de agosto de 1921 da revista americana *The Wireless Age* dedicou 11 páginas a uma descrição de tirar o fôlego da luta de boxe que ficou conhecida como "a batalha do século". Era a disputa do título mundial dos pesos pesados que ocorrera no mês anterior, na cidade de Jersey, em que o americano Jack "The Manassa Mauler" Dempsey derrotou por nocaute, no quarto round, o desafiante francês Georges Carpentier.

Era um dia perfeito para esportes, com mais de um milhão de dólares arrecadados com a venda de ingressos. Mas não foi esse o motivo pelo qual a *The Wireless Age* dirigiu tanta atenção para o evento. O dia 2 de julho de 1921 também entrou para a história ainda curta das transmissões de rádio por ter sido a primeira vez que o número de ouvintes superou o número de presentes em um evento de grande porte. Noventa mil pessoas lotaram a arena da cidade de Jersey. Porém, pelas contas da revista, "uma multidão – não menos que 300 mil pessoas – tensa e ansiosa" acompanhou a luta a distância.

Isso foi possível graças basicamente a um telefone conectado, por meio de um extenso cabo, a uma das maiores antenas já construídas na época: tinha pouco mais de 200 metros de altura e estava suspensa sobre a estação de trem Erie-Lackawanna, em Hoboken, Nova Jersey. Seu cabo seguia até a figura empolgada de J. Andrew

Graças à Amateur Wireless Association, Dempsey *vs.* Carpentier, em julho de 1921, forneceu um ponto de inflexão na história da mídia.

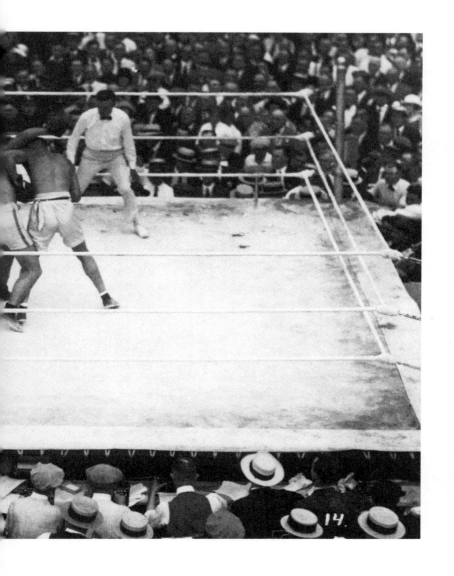

White, que, no papel de presidente da National Amateur Wireless Association [Associação Nacional de Radioamadores], descrevia os eventos da lateral do ringue. Por conta de uma mudança de planos de última hora, a *The Wireless Age* observou com certo embaraço que as palavras de White eram repetidas por um segundo operador, na estação, e era a voz deste que viajava pelas ondas de rádio.

A revista estava plenamente ciente do poder daquele fato, classificando a transmissão como "Um recorde (...) e o início de uma nova era. Enquanto os olhos do mundo todo aguardavam o lançamento da tradicional palavra impressa para contar a história – o rádio contou-a pela voz! Instantaneamente, pelos ouvidos de um público ansioso, um evento internacional foi 'ilustrado' em todos os seus emocionantes detalhes. (...) O apelo à imaginação não tem fronteiras. Previsões para o futuro agora serão o tema de uma especulação prazerosa, estimulante e praticamente infinita."

Menos de um século depois, pode-se dizer com segurança que mesmo a mais inventiva dessas especulações foi superada. Hoje, mais de 2 bilhões de pessoas têm acesso à internet, e mais de 4 bilhões estão conectadas umas às outras via telefone celular. A audiência de programas ao vivo de notícias e de esportes atinge constantemente a casa de centenas de milhões. Atualmente, mais da metade da população mundial está quase que permanentemente acessível por meio de alguma forma de conexão digital em tempo real.

Esses são números para serem observados com espanto. No entanto, praticamente despercebido se comparado a essas mudanças, depois de pouco mais de uma década do presente século começamos a passar por outro momento histórico das comunicações:

dessa vez relacionado não com números absolutos, mas com o tempo propriamente dito.

Em 1999, de acordo com uma pesquisa realizada com mais de 2 mil norte-americanos entre 8 e 18 anos, conduzida pela Kaiser Family Foundation, os jovens nessa faixa etária usavam algum meio de comunicação por cerca de 6 horas e 20 minutos ao dia. A vida de crianças e jovens, a pesquisa afirmava, estava próxima da "saturação" – isso significava que os pesquisadores que analisaram os resultados não conseguiam encontrar mais nenhum espaço livre para ser gasto com qualquer tipo de mídia.

Parecia que a humanidade estava atingindo um patamar intransponível em termos da quantidade de informação que era possível consumir desde as primeiras horas do dia – uma conclusão fundamentada pelo aumento de apenas 2 minutos, em relação ao primeiro resultado, quando a pesquisa foi repetida com jovens da mesma faixa etária em 2004.

A fundação repetiu a pesquisa mais uma vez, em 2009, e para surpresa de todos descobriu que o tempo total de uso de mídias entre jovens de 8 a 18 anos agora havia aumentado em mais de vinte por cento, para quase 7 horas e 40 minutos diários. Se o uso de dispositivos portáteis fosse levado em conta, a exposição total chegava à marca de 10 horas e 45 minutos por dia.

Esse foi um resultado extremamente impressionante. Considerando que os jovens necessitam de 8 a 9 horas de sono por noite, os números de 2009 elevaram o tempo de uso de mídias para metade das horas em que estão acordados – isso sem incluir qualquer mídia utilizada para trabalhos na escola, em vez de lazer. A televisão ainda estava em primeiro lugar, como ocorreu durante meio século, com

3 horas e 40 minutos por dia. Mas, de longe, a novidade mais importante foi o uso de aparelhos como o iPhone para o consumo tanto de mídias tradicionais como novas: para assistir a programas de televisão no ônibus, a caminho da escola, para enviar mensagens de texto e conferir o Facebook enquanto se ouvia música e checava e-mails.

Em apenas meia década, o consumo de mídia passou da saturação nas horas de lazer em casa a algo muito mais significativo: não exatamente a saturação integral da vida diária, mas uma completa integração à rotina e suas atividades. Conforme concluiu um artigo semelhante, sobre os hábitos de consumo de mídias, publicado em novembro de 2010 pela iniciativa POLIS, em Londres, a maior parte dos jovens que vive no mundo desenvolvido não fica nunca sem acesso a bolhas de mídia protetoras criadas por aparelhos como smartphones e tablets. Um estoque pessoal e portátil de músicas, vídeos, jogos, aplicativos e serviços de redes sociais está sempre à mão.

Os padrões de comportamento estão se transformando em um ritmo jamais visto, nem mesmo com o início das transmissões de rádio na década de 1920 e de televisão na década de 1950. Porém, o desenvolvimento mais importante de todos, a meu ver, está relacionado com um tipo diferente de padrão: não apenas com nossos hábitos, mas com o que consideramos nosso "estado de consciência" padrão.

Hoje, pela primeira vez, é correto dizer que faz parte da rotina da maior parte das pessoas estar "ligado" a pelo menos uma forma personalizada de mídia. Enquanto, menos de um século atrás, uma transmissão ao vivo de rádio era considerada quase um milagre, hoje é lugar-comum passar a maior parte do tempo em que estamos acordados conectados ao nosso próprio "link ao vivo" para o mundo.

A questão mais óbvia que se segue a essa conclusão é de natureza pragmática: o que vem depois disso? Em curto prazo, a resposta está próxima de mais uso de mídia, por mais tempo e em mais lugares. Entretanto, se quisermos prosperar em longo prazo, acredito que essas novidades significam que precisamos começar a pensar de outra forma sobre os diferentes tipos de tempo em nossa vida.

Os momentos em que não estamos utilizando algum tipo de mídia digital não apenas deixaram de ser nosso estado padrão; eles são também algo que não conseguimos vivenciar sem que explicitamente nos planejemos para tal. Pense nos sinais de "silêncio no vagão" presentes na maioria dos trens, ou nas placas em museus, restaurantes e outros espaços públicos pedindo que as pessoas desliguem seus telefones celulares. Esses são sinais do nosso tempo, literalmente: indicações de que a ausência de dispositivos digitais precisa ser especialmente solicitada.

Se quisermos aproveitar o máximo tanto do mundo à nossa volta quanto uns dos outros, precisamos compreender que agora existem fundamentalmente duas formas distintas de se fazer parte deste mundo: os momentos em que estamos conectados e os em que estamos desconectados. Simplesmente depreciar um dos dois não serve para nada, pois cada um representa um conjunto diferente de possibilidades para o pensamento e a ação. Em vez disso, devemos aprender a nos perguntar – e ensinar nossos filhos a se perguntarem – quais aspectos de uma tarefa, e do viver, são melhor servidos por cada um. E precisamos encontrar formas de efetivamente consolidar ambos em nosso estilo de vida.

## 2.

As maiores vantagens dos momentos em que estamos conectados podem ser facilmente enumeradas. Plugados à mente-colmeia do mundo, temos velocidade e um amplo alcance; podemos pesquisar e aplicar a maior parte da sabedoria reunida pela humanidade – bem como fofocas e palpites – em questão de minutos; estamos a apenas alguns segundos de distância do contato com milhares de pessoas. Possuímos poderes divinos e estamos nos especializando cada vez mais no uso deles.

Pense no que pode ser obtido em apenas alguns minutos de navegação pela Wikipédia, ou numa busca no banco de livros de copyright livre digitalizados pelo Google. Essa pesquisa possui velocidade e amplitude muito além dos sonhos mais ousados que qualquer acadêmico teria apenas meio século atrás, e agora ela não apenas existe como está ao alcance de praticamente qualquer cidadão moderno. Já estamos tão distantes dessa época quanto os leitores dela estavam da era pré-Gutenberg, quando possuir e ler livros era privilégio de uma elite.

Desconectados dessas mídias em tempo real, entretanto, nossa originalidade e nosso rigor podem entrar em cena de uma forma diferente e bastante antiga: nossa capacidade de delegar, de tomar decisões, de agir por iniciativa própria; de pensar sem medo de repetir outra pessoa ou a sensação constante de ter uma plateia nos assistindo por trás de nossos ombros. Estamos sozinhos com nós mesmos, ou realmente presentes uns diante dos outros, de forma completamente distinta de qualquer momento em que estejamos conectados.

Isso é igualmente verdade tanto no campo pessoal quanto no profissional. Em fevereiro de 2011 fiz uma palestra na London School of Economics, juntamente com a escritora Lionel Shriver, sobre o impacto das novas tecnologias nas formas de escrever e de pensar. Ela descreveu a experiência de escrever "com uma multidão dentro do seu estúdio" – ou seja, escrever diante das reações do público em tempo real, instantânea e largamente visíveis – e a pressão que isso gera tanto no sentido de censurar a si mesmo quanto de tentar agradar aos outros. "Descobri que eu precisava me proteger das opiniões alheias", ela disse, e falou como era escrever uma coluna para um jornal com seu marido lendo por cima de seu ombro: "Você não pode escrever isso", ele disse em determinado momento, "veja só como reagiram a *isso* pela internet daquela outra vez".

É praticamente impossível dissociar esse desejo de protegermos a nós mesmos da ideia de saber, em primeiro lugar, o que é este "eu" que queremos proteger. Daqui em diante, a maior parte deste livro será dedicada aos maravilhosos avanços que as tecnologias deste século já estão começando a promover nos pensamentos e nas ações coletivas. No entanto, mais do que nunca, está claro que todos nós precisamos de momentos em nossa vida para ter nossas próprias ideias, sem distração, interrupção ou respostas imediatas, mesmo das pessoas com as quais mais nos importamos. Também está claro que, se não tivermos cuidado na hora de reservar e administrar esse tempo, a tecnologia poderá tirá-lo de nós.

Em uma era de constantes conexões em tempo real, a questão central de nosso exame de consciência está se deslocando de "Quem é você?" para "O que você está fazendo?". Por mais que muitos de nós estejamos sedentos por estar conectados, se quisermos prosperar precisamos manter alguma parte de nós separada dessa constante vontade de exposição. Precisamos de outros tempos verbais além do presente – de outras qualidades de tempo – em nossa vida.

Essa é uma questão que foi brilhantemente colocada pelo cientista da computação Jaron Lanier durante uma palestra na conferência South by Southwest, em março de 2010, na qual ele pediu que o público não fizesse mais nada, além de ouvir, enquanto ele falava. "O principal motivo para que vocês parem de fazer tantas coisas ao mesmo tempo não é para que eu me sinta mais respeitado", Lanier argumentou, "mas para fazer vocês existirem. Se vocês escutarem primeiro, e escreverem somente mais tarde, o que for escrito terá tido tempo para passar pelo filtro dos seus cérebros, e vocês estarão presentes no que foi dito. É isso que faz vocês existirem".

Como a súplica de Lanier por uma hora e meia de atenção "desconectada" deixa claro, reservar momentos sem conexão em nossa vida não requer uma viagem para uma cabana afastada no topo de uma montanha nem anunciar um longo afastamento da leitura de e-mails – apesar de significar que tirar férias dos dispositivos eletrônicos se tornou uma forma popular de indulgência para aqueles que podem arcar com as consequências. Pelo contrário, os momentos desconectados têm muito a acrescentar como parte de nossa rotina diária: a decisão de não enviar e-mails numa manhã, de desligar o telefone celular durante um encontro ou uma refeição, de dedicar alguns dias ou algumas horas para uma reflexão, sem aparelhos eletrônicos, ou simplesmente a decisão de encontrar uma pessoa ao vivo, em vez de trocar vinte e-mails com ela.

Como muitos de meus contemporâneos, me pego cada vez mais tentando dedicar partes do meu dia à produtividade sem conexão: momentos em que todos os meus aparelhos digitais estão desligados ou cuidadosamente retirados dos bolsos. Descobri, também, que me libertar do acesso e do contato contínuos transformou os encontros pessoais em algo muito mais significativo. No início dos anos 2000, as conferências de tecnologia pareciam reunir os participantes mais visionários, exibindo ostensivamente seus telefones celulares e laptops. Hoje, apesar de nenhum evento de tecnologia estar completo sem uma transmissão paralela no Twitter, também está se tornando comum palestrantes e mediadores solicitarem algo semelhante ao princípio "escutem primeiro, escrevam depois" de Lanier. Ser conservador, em algum aspecto, é a palavra de ordem.

Esses novos hábitos e sugestões não constituem um manifesto propriamente dito. Mas são o começo de uma atitude que coloca a tecnologia digital em seu devido lugar: que define um papel específico para ela em nossa vida, em vez de permitir que sua presença se torne uma condição inevitável e ininterrupta.

Devido ao poder de comunicação avassalador das novas mídias, o tempo é mais do que nunca nosso bem mais precioso. Todas as tecnologias do mundo não podem criar uma partícula a mais dele – e sua experiência está ameaçada de se tornar o que o teórico político Fredric Jameson chamou de "presente perpétuo", no qual a sociedade perde "a capacidade de reter o próprio passado".

Para algumas pessoas, a saturação do presente é intensamente acompanhada de estresse, ansiedade e da sensação de perda do controle. Acredito que não perdemos nossa capacidade tanto de resistir quanto de nos adaptar a essas mudanças na forma como vivenciamos o tempo, seja como sociedade ou como indivíduos; o capítulo seguinte explora com mais detalhes essa capacidade de prever e mudar. Acima de tudo, no entanto, todos os esforços de nossa parte devem começar por reconhecer que, sem a habilidade de dizer tanto "não" quanto "sim" à tecnologia, corremos o risco de transformar esses milagres em armadilhas.

O tempo é a única quantidade sobre a qual toda a tecnologia
do mundo não pode invocar nem uma partícula a mais.

# 3. Assumir o controle

I.

Dez anos atrás, poucas pessoas poderiam imaginar quanto as mensagens de texto se tornariam centrais em uma cultura de smartphones, internet onipresente e tablets. De acordo com uma pesquisa da Nielsen, baseada nas contas de mais de 60 mil usuários de telefone celular nos Estados Unidos e em mais de 3 mil entrevistas, no ano de 2010 os adolescentes norte-americanos enviaram uma média de 3.339 mensagens de texto por mês – sendo a faixa mais expressiva a das meninas entre 13 e 17 anos, com média de 4 mil mensagens por mês. Isso significa 133 mensagens em média por dia: mais de sete mensagens a cada hora acordado ao longo de um ano inteiro.

O capítulo anterior se ateve à forma impressionante como as mídias digitais ocupam muitas vidas. Junto a isso surge não apenas complexidade, mas paralelamente uma pressão por simplificar – para regular os infinitos canais de comunicação que cruzam nossos caminhos. Neste sentido, as mensagens de texto são a ferramenta mais perfeita já desenvolvida para uma era imersa em informação, visto que não existe forma de interação digital mais simples que suas meras letras e números. Escrita, editada e reescrita no ritmo do remetente, a aparência final de uma mensagem de texto não deixa transparecer nada de seu processo de produção: hesitações, deslizes, atos falhos nem distrações. É ao mesmo tempo instantânea e atemporal, necessitando de atenção, mas sem exigi-la. Requer praticamente o mínimo possível de todos os envolvidos.

A importância das mensagens de texto evidencia um fato muitas vezes menosprezado: de que as possibilidades teóricas da tecnologia são em último caso menos importantes do que conveniência e controle. Se existe um sinal aqui, é o de que nossa necessidade crescente por conveniência envolve o risco de sacrificarmos o controle de uma forma diferente: nossa capacidade de exigir mais do que o mínimo possível tanto de nós mesmos quanto dos outros.

No drama político *Tudo pelo poder*, dirigido por George Clooney, estripulias sexuais dos membros da equipe de uma campanha presidencial são constantemente interrompidas por notícias de última hora, toques de BlackBerry e e-mails. É uma triste piada de nossos tempos – e que, cada vez mais, não está restrita apenas ao alto escalão da política. Aqueles milhares de mensagens de texto, bem como as atualizações digitais, não respeitam qualquer divisão de tempo e espaço que queiramos impor nos dias de hoje. Como os animais políticos de Clooney, podemos acabar descobrindo que estamos colocando as "necessidades" de nossas máquinas acima das nossas próprias.

Já dissertei sobre a importância de entender os momentos conectados e os momentos não conectados como duas importantes fontes de recursos para nossa vida. É algo fácil de ser dito, mas bastante difícil de pôr em prática. De qualquer forma, estabelecer diferentes tipos de tempo para diferentes modos de ser é fundamental em muitos níveis: não apenas em termos de se desconectar de todas as mídias, mas em perceber as diferenças entre dois desafios bem distintos – a melhor forma de utilizar um sistema tecnológico e a melhor forma de aproveitar a própria vida.

Vejamos uma das palavras mais repetidas de nossa era: "multitarefa". Nesse termo está embutido um conjunto de pressupostos que fundamenta muitas vidas modernas – a crença de que uma das maiores conveniências da tecnologia é a capacidade de executar várias tarefas simultaneamente, e que por causa disso só estamos em nossa melhor e mais eficiente forma quando conseguimos unir diversas correntes de atividade em uma.

Em março de 2007, esse pressuposto foi tema de um artigo do *New York Times*. Com o título "Diminua o ritmo, bravo indivíduo multitarefa, e não leia este artigo no engarrafamento", que revela a essência de seu argumento, o texto oferecia uma conclusão indiscutível, em forma de conselho, e era assinado pelo cientista cognitivo David E. Meyer, diretor do Laboratório de Cérebro, Cognição e Ação da Universidade de Michigan. Quando se trata de qualquer operação não corriqueira, "executar diversas tarefas ao mesmo tempo irá desconcentrá-lo, aumentando suas chances de erro. (...) Adiamentos e interrupções são um mau negócio quando se trata de nossa capacidade de processar informações".

Na realidade, o artigo sugere que a própria ideia de ser multitarefa é uma espécie de mito – afirmação confirmada por diversas pesquisas feitas por psicólogos, neurocientistas e sociólogos tanto antes quanto depois da publicação do artigo. Ao contrário das máquinas, nós humanos não temos a capacidade de dividir nossa atenção de maneira eficaz por entre múltiplas tarefas complexas. Em vez disso, nos deslocamos rapidamente de uma para outra, de forma que não estamos exatamente executando as operações simultaneamente, mas constantemente dividindo nossa atenção em pequenas porções.

Quando se trata de mensagens de texto e e-mails, isso funciona muito bem pela maior parte do tempo. Porém, se é preciso alternar essas "porções" de atenção com qualquer coisa que exija um esforço mental contínuo, nosso desempenho cai rapidamente. Por exemplo: de acordo com uma pesquisa interna da Microsoft, os funcionários levam em média 15 minutos para retomar "tarefas mentais complexas" depois de responder a um e-mail ou a uma mensagem de texto. Assim que são interrompidos, eles tendem a se distrair respondendo a outras mensagens ou navegando na internet.

Já em 1998, a escritora americana Linda Stone cunhou o termo "atenção parcial contínua" para descrever a noção de acompanhar informações de diversas fontes, ao mesmo tempo, em nível superficial. Essa ideia de uma atenção rasa e oscilante é provavelmente a descrição mais precisa do que muitos de nós fazemos a maior parte do tempo, em vez de sermos multitarefa: executamos uma simples operação mental de deslocamento em meio a uma enorme gama de fontes, a nenhuma das quais conseguimos dar a atenção individual que uma verdadeira "tarefa" requer.

Monitorar múltiplas fontes de informação pode ser extremamente rentável em determinadas circunstâncias: quando estamos buscando dados, acompanhando os desdobramentos de um evento, coordenando um grupo de pessoas ou simplesmente procurando de forma livre por inspiração ou diversão. É uma habilidade necessária para vidas saturadas de informação. Contudo, isso não é o mesmo que dedicar integralmente sua atenção a uma atividade complexa – ou permitir que você se envolva profundamente com o lugar onde está e com as pessoas que estão ali com você.

Multitarefa não vem facilmente à nossa mente. Você consegue focar no vaso e nos rostos ao mesmo tempo?

Quando estou em um trem checando meus e-mails, escrevendo mensagens de texto, *twitando* e ouvindo música, estou ao mesmo tempo presente e ausente ali. O mundo e as pessoas ao meu redor estão em segundo plano em relação ao que acontece na minha tela. Minha atenção está não só em outro lugar, mas fragmentada e distribuída por diversos espaços.

Um novo tipo de comportamento público surge a partir dessa noção de atenção parcial. Ligados em nossos fones de ouvido, digitando, falando ou até mesmo filmando o que acontece ao nosso redor, interpretamos um conhecido papel no drama da vida digital: o do cidadão autossuficiente, protegido das entediantes restrições da realidade pelos sons, imagens e amigos ao alcance de nossas mãos.

Nós consideramos esse comportamento de alguma forma legítimo porque ele está integrado à lógica da vida moderna: é um isolamento necessário para equilibrar nossa ininterrupta disponibilidade. É essencial representar esse papel esporadicamente. Contudo, a forma como ele pode passar de um recolhimento temporário a um modo constante de ser traz à tona muitas questões importantes. Que tipo de atenção merecemos daqueles à nossa volta, ou devemos a eles em troca? E que tipo de atenção nós mesmos merecemos, ou precisamos, se somos capazes de ser "nós" no sentido mais profundo possível?

## 2.

Esta é uma questão que envolve não apenas as ações que buscamos executar de maneira simultânea, mas também que parcela de nossa vida estamos preparados para delegar às tecnologias digitais – e até que ponto estamos dispostos a terceirizar não apenas a comunicação, mas também um crescente número de aspectos que nos formam.

Analisemos a memória. Em um dispositivo digital, "memória" é uma sequência binária que codifica uma informação. Limitada, mas incrivelmente vasta, a capacidade média da memória de um computador atual alcança muitos bilhões de bits digitais: suficiente para armazenar bibliotecas inteiras, milhões de imagens, semanas de filmes.

Esse tipo de armazenamento digital é, de certa forma, superior à memória humana. Memórias de computador oferecem um registro completo, confiável e objetivo do que quer que seja alocado nelas. Elas não perdem capacidade com o passar do tempo e não se enganam. Podem ser compartilhadas e replicadas quase que infinitamente, sem perda, ou ser completamente apagadas, se assim desejarmos. Podem ser totalmente indexadas e rapidamente vasculhadas. Podem ser acessadas a distância e transmitidas para o outro lado do mundo em uma fração de segundo, e seus conteúdos podem ser rearranjados, aumentados e atualizados de maneira ilimitada.

Em termos de computação, a memória humana é bastante pobre: e é em termos de computação que cada vez mais classificamos muitos aspectos de nossa mente. De forma muito previsível, nós as julgamos ultrapassadas e até mesmo desnecessárias. De números de telefone e fotografias a documentos e diários, mantemos uma quantidade cada vez maior de memórias importantes de nossa vida dentro de máquinas: informação bruta, mas também momentos de sentimento, de íntima troca com amigos e família.

Estou na idade em que muitos de meus amigos estão tendo seus primeiros filhos. Percebi que essa é uma história que meu telefone celular conta de forma mais clara do que qualquer outro objeto.

Revendo as mensagens de texto que troquei nos últimos anos, posso contar seis anúncios de nascimento, geralmente enviados horas ou até mesmo minutos depois do evento. Eles são tão parecidos que dão a impressão de que há um formulário: nome completo do recém--nascido, hora, peso e uma foto anexada.

É algo adorável de se ter. Mas rever essas mensagens também provoca uma sensação estranha em meu peito, porque sei o motivo pelo qual as mantive ali: sem recorrer a elas, não faço ideia dos nomes nem das datas de aniversário da maior parte dos primogênitos dos meus amigos mais próximos. Eu respondi a essas mensagens, às vezes enviei um cartão e também um presente, e então apaguei o evento da minha mente. Apesar dos posts subsequentes em blogs, das fotos no Facebook e de outras informações na internet, esses recém-chegados não conseguiram ocupar praticamente nenhum espaço em minha consciência.

Sou capaz de me "lembrar" dos nomes dessas crianças da mesma forma que "sei" os números de telefone gravados no meu aparelho: estou de posse da informação. Faz todo o sentido para mim manter registros como esses em um dispositivo que fica dentro do meu bolso, ligado quase o tempo todo. Contudo, ao chamar isso de "memória", corro o risco de provocar uma confusão fundamental em relação ao que memórias significam para mim enquanto ser humano – e aos aspectos do eu e da lembrança que não podem ser terceirizados nem mesmo pela mais sofisticada das máquinas.

Para dar um exemplo, nem mesmo o mais completo banco de dados possui algo que todo ser humano neste planeta tem, indiscutivelmente: uma história. Somos produto de nossa natureza, mas também de experiências únicas que nos remodelaram ao longo de

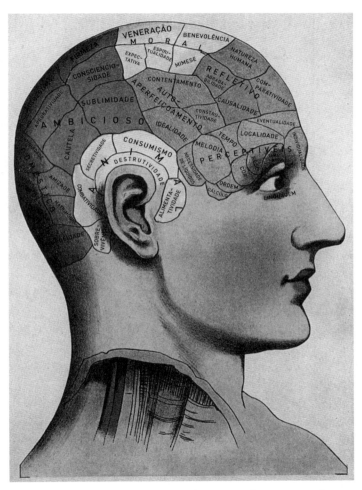

Apesar da grande esperança da ciência vitoriana, a mente humana não pode ser compartimentada como uma máquina.

nossa vida. Ao mesmo tempo que podemos identificar as áreas do nosso cérebro responsáveis pelas memórias de curto e de longo prazo, não existe nenhum módulo de memória mecânica dentro de nós.

Não há dúvida de que é impossível haver algo como a memória humana sem que haja também raciocínio, sentimento e individualidade. O que vivenciamos, fazemos e aprendemos se torna uma parte de nós. Internalizamos acontecimentos, pessoas e ideais; refletimos, mudamos de ideia e temos lembranças equivocadas, mantendo nosso passado como uma forma contínua de nosso presente. Não podemos terceirizar nossas verdadeiras memórias, da mesma forma que não podemos terceirizar nossos sentimentos e crenças – nem podemos separá-los de "nós".

O escritor Nicholas Carr escreveu em seu livro *A geração superficial: o que a internet está fazendo com o nosso cérebro*, de 2010: "O que dá à verdadeira memória sua riqueza e seu caráter, para não dizer seu mistério e sua fragilidade, é a contingência. Ela existe no tempo, mudando conforme o corpo muda. (...) Quando passamos a usar a internet em substituição à memória pessoal, evitando o processo interno de consolidação, corremos o risco de esvaziar nossa mente de suas riquezas."

Cada computador e cada dispositivo podem ser únicos e possuir uma história única, mas não é a singularidade deles que faz com que sejam o que são. Na maior parte das vezes, eles funcionam *apesar* de suas histórias, como qualquer pessoa familiarizada com os sintomas de uma redução no desempenho nos sistemas operacionais sabe. Para uma máquina, o passado é um fardo obstrutivo. Classificar informação de maneira organizada e manter o setor operacional limpo é o melhor a fazer. É uma ótima lição para o reino do trabalho e da produtividade – mas também exatamente o oposto do necessário para se desenvolver uma mente humana bem abastecida.

3.

Quando observamos a natureza e a qualidade de nossas interações com as pessoas à nossa volta, vemos que os próprios sistemas que nos presenteiam com o controle – e-mail, mensagens de texto, atualizações de status, redes sociais – têm o poder de nos privar daquilo que significa prosperar como ser humano: histórias compartilhadas, profundidade de sentimentos, respeito pelas singularidades alheias.

Apesar das previsões pessimistas de críticos como Carr, isso não precisa se tornar verdade. Porque o que está em jogo aqui não são apenas diferentes modos de atenção e de memória, mas diferentes modos de pensar que se situam entre ambos: um campo no qual nós, humanos, mostramos uma notável capacidade para a adaptação e para assumirmos a devida responsabilidade pelo que se passa em nossa cabeça.

Consideremos o campo emergente conhecido na ciência da computação como "engenharia de memória". Projetada para cuidar da enorme enxurrada de informação que deixamos para trás, sua proposta não é a agregação bruta, mas sim o desejo de humanizar esses dados – e convertê-los de material eletrônico inerte em algo mais esotérico, diferenciado e que possa ser percebido profundamente.

Para dar um exemplo, o programador Jonathan Wegener, que vive em Nova York, ajudou a inventar um serviço que chama a atenção para coisas que ocorreram em nossos históricos digitais exatamente um ano atrás: batizado de PastPosts, ele usa o Facebook para nos "trazer de volta" a atividades que ocorreram há exatamente um ano pelas nossas contas. Funcionando sob o slogan "O que você fez neste mesmo dia um ano atrás no Facebook?", é uma ideia simples, mas que evidencia quão fácil pode ser dar forma à história de um indivíduo por meio de um registro eletrônico indiferente.

Dados, no fim das contas, são inertes apenas se deixarmos que permaneçam assim. Eu vejo as páginas dos meus amigos no Facebook, seus sites, até mesmo seus avatares nos video games, e não enxergo nada anti-humano neles, mas sim a constante reafirmação do controle individual. Terminar um relacionamento por meio de mensagem de texto pode ser uma atitude cruel e covarde, mas o anúncio do nascimento de um filho em uma rede social, seguido por centenas de desejos de coisas boas por parte de amigos e familiares, não diminui ninguém. Da mesma forma, um avanço positivo é o surgimento, na internet, de aplicativos e conselhos que ajudam a manter o foco em uma única tarefa, com dispositivos que vão desde um programa capaz de suspender a conexão com a internet por um determinado tempo até processadores de texto do tipo "câmara escura", que reduzem a tela a um fundo preto e às palavras que estão sendo digitadas.

Entretanto, talvez o estado mental mais difícil de ser desenvolvido na era digital seja bem diferente tanto da rápida reflexividade da atenção parcial quanto da concentração absoluta da atenção pura: os devaneios amorfos associados ao impulso criativo e à paz interior.

Os tipos de pensamento que podem surgir em momentos "vazios" de nossa vida – em um trem, durante o banho, olhando pela janela enquanto viramos a página de um livro – são impossíveis de ser reproduzidos não só por meio de um dedicado planejamento digital, também por sessões de desconexão cuidadosamente agendadas. São momentos que nos assaltam, na maior parte das vezes, quando estamos desligados do tempo. São idiossincráticos, individuais e fruto da sorte – uma espécie de liberdade, nas palavras do filósofo iluminista britânico John Locke em seu *Ensaio acerca do entendimento humano*, concedida "quando as ideias flutuam em nossa mente, sem qualquer reflexão ou percepção do entendimento".

No contexto deste capítulo – assumir o controle e entender a natureza de nossa atenção –, esta frase indica que devemos dar atenção especial a um ponto: todos os sistemas e estratégias necessitam de algum espaço para o excêntrico. Para que os pensamentos sejam inteiramente nossos, precisamos nos libertar não apenas do mau uso de determinadas ferramentas, mas também de nossas exigências e estratégias mais refinadas.

Enquanto escrevia este livro, percebi quanto essa força estava presente. Quando escrevo regularmente usando papel e caneta, opção que faço para a maior parte dos meus rascunhos, as palavras fluem como se já existissem com meia frase de antecedência em relação à ponta da caneta. A lentidão mecânica da escrita me ajuda a senti-las tanto como sons e objetos quanto ideias, proporcionando um prazer sinestésico e estético conforme se apresentam. Uma composição cuidadosa como esta, em um caderno, ajuda a mesclar meus processos de escrita e divagação, normalmente de forma inesperada: sentenças e frases surgem de repente, depois de momentos de devaneio.

Talvez seja esse também o motivo pelo qual eu conto com a inspiração para fazer anotações nas margens dos livros de papel: textos que carrego sempre comigo e que gosto de ler sem ser interrompido, esperando que a inspiração floresça a partir do processo de leitura. Folheando esses livros novamente, é possível perceber que os momentos em que minhas ideias entraram abruptamente em foco estão marcados por linhas de garranchos mergulhadas por entre as viradas de página.

Essas ações – ler com uma caneta na mão, andar com um caderno na mochila – permitem que minha mente viaje. Passei a enxergá-las como parte de um processo requintado, mas ao mesmo tempo necessário, para transformar meu trabalho em algo que seja simultaneamente rigoroso e propriedade exclusiva minha.

Minha escrita no computador, ao contrário, é marcada mais por releituras e pela estruturação de parágrafos e argumentos: disciplinas essenciais, mas muito mais vulneráveis às tentações da atenção parcial e da navegação na internet. Digitando em meu computador, fica fácil permitir que essas distrações empurrem um ansioso arsenal de ideias para áreas distantes da minha atenção. Enquanto eu estiver editando, digitando, fazendo pesquisas e checando e-mails pouco importantes, posso permanecer em negação. Então, me afasto da tela e os assuntos com os quais preciso me preocupar de verdade começam a emergir.

Meus métodos pessoais de trabalho não são um modelo ou um ideal. Às vezes eles não funcionam nem comigo, que dirá com outras pessoas. Mas eles sugerem, eu espero, algo que pode ser feito na prática para evitar que a lógica das ferramentas digitais se sobreponham à lógica do nosso pensamento: o modo como diferentes tipos

Os cadernos e as anotações do próprio autor: uma licença semilegível para deixar a atenção vagar.

e texturas de tempo podem nos ajudar a nos conhecermos melhor, em vez de nos restringir a um único comportamento.

Devemos ser capazes de nos adaptar às circunstâncias. Mas também precisamos adaptar nossas circunstâncias a nós mesmos, fazendo um esforço para que elas se ajustem ao grande espectro de nossa observação, nossos pensamentos e nossas emoções. Isso inclui a capacidade de dividir nossa atenção; ou então de nos dedicarmos inteiramente a uma ideia, ou a uma pessoa em detrimento de todas as outras. Porém, é preciso que haja tempo e espaço para outras liberdades – e para que coloquemos em prática métodos de trabalho que não precisam de nenhuma justificativa além do fato de que funcionam para nós.

# 4. Reenquadrando a tecnologia

I.

No verão de 2010, fiz minha primeira visita à sede de uma empresa que, durante anos, participa constantemente da minha vida: a Google. Eu já havia visitado o escritório da empresa em Londres, mas nunca tinha imaginado a Google como algo que ocupa um espaço físico, da mesma forma que um banco ou uma loja. O Googleplex – localizado no número 1.600 da Amphitheatre Parkway, em Mountain View, na Califórnia – mudou essa visão. Hoje, quando olho para a barra de pesquisa do Google no canto superior direito do meu navegador, imagino um lugar, rostos e uma história que se sobrepõe aos seus dados.

A sede da Google é como o campus de uma universidade e oferece uma experiência "completa": quem trabalha lá pode usufruir de academia, pátios ensolarados, jogar vôlei de praia, brincar com jogos eletrônicos, utilizar serviços de lavanderia e fazer três refeições por dia, no próprio local. Como um funcionário explicou, os funcionários são tratados "como adultos" – confia-se que irão trabalhar duro, executando seus projetos dentro de cronogramas que eles mesmos estabelecem. Por outro lado, isso também significa que são tratados como crianças matriculadas numa escola, ou então como membros de uma instituição paternalista sofisticada – são eximidos de preocupações mundanas para que possam melhorar o aprendizado e o desempenho.

Vale do Silício ao pôr do sol: mesmo serviços digitais que abrangem o mundo nascem de um lugar e tempo particulares.

Havia algo de platônico naquela interminável área reluzente da periferia da baía de São Francisco, cercado por autoestradas e montanhas distantes. Havia, eu percebi ao final da minha estadia na Califórnia, mais do que apenas um toque de cidade-estado renascentista tanto na Google quanto em sua grande vizinha californiana, a Apple. Ambas são espaços de extraordinária fertilidade cultural, complementadas por uma estética e um comportamento próprios: o incansável modernismo minimalista da Apple, no qual as necessidades e os caprichos dos usuários são preenchidos graças a um compromisso com a elegância que chega aos limites do patológico; e o pós-modernismo technicolor da Google, cujas ferramentas são incessantemente ajustadas para que qualquer coisa que qualquer pessoa possa um dia querer saber torne-se encontrável.

Também existe uma lógica de negócios agressiva associada a tudo isso – na Google, direcionada para a obstinada catalogação e análise de dados, e para a estratégia enormemente lucrativa de associar propaganda a determinados termos buscados. Eu entendia bastante disso, mas de forma abstrata, antes de conhecer a sede física da empresa. No entanto, depois de ter não apenas visitado como também vivenciado por algum tempo sua cultura, pude perceber o quanto eu estava por fora.

Para mim, assim como para muitas outras pessoas, Google é antes de mais nada uma ferramenta e um verbo.[1] É uma empresa cujos valores estão voltados para a simplicidade, a eficiência e a consistência, e eu os aproveito da forma esperada: agradecido, sem

---

[1] A influência da ferramenta de pesquisa foi tão significativa que se criou em inglês o verbo "to google", que define o ato de realizar uma busca no Google. (N. do T.)

esforços e sem fazer questionamentos. Ainda assim, esse é um lugar com uma história, com uma crença. Por trás da maravilhosa mecânica algorítmica de seu produto existem pessoas brilhantes, parciais e imperfeitas, assim como acontece com qualquer programa, qualquer produto ou qualquer interface anônima. Existem discussões e sentimentos controversos sobre qual será o próximo passo da companhia; há problemas conhecidos e êxitos pouco divulgados; e uma frustração atordoante diante da ideia defendida por muitos jornalistas de que "o Google está nos tornando estúpidos".

Somos ignorantes em relação às circunstâncias de produção de todos os objetos manufaturados. Ao manusearmos algo tão complexo e compacto como um telefone celular, é difícil imaginar as cadeias de fornecimento e de manufatura que o trouxeram à luz: a mineração de metais para os circuitos e as baterias; a destilação do petróleo para obtenção de plásticos de alta performance; o trabalho braçal e a engenharia de programação; o design, os protótipos e as patentes.

Em um objeto que existe apenas na tela, como a ferramenta de pesquisa do Google, essa ignorância é ainda mais profunda. Nos pixels anônimos de telas idênticas ao redor do mundo, me deparo com o seu serviço como se fosse algo descoberto, não fabricado. Está em todo lugar e em lugar nenhum: faz parte de uma "paisagem" ou de um "ecossistema" orgânicos, para citar dois termos da moda no vocabulário das novas mídias. Serviços como o Google ou a Amazon não parecem ter sido criados por pessoas da mesma forma que o telefone no meu bolso, muito menos que os sapatos que estou calçando. Em consequência disso, minha capacidade de analisar, de interpretar e de "enxergá-los" da mesma forma que enxergo o mundo dos objetos à minha volta diminui – e o uso que faço deles rapidamente desliza para o automático, em vez do crítico.

Isso não é uma crítica ao Google. Pelo contrário, é uma crítica ao hábito de tratarmos serviços e aparelhos digitais como se fossem naturais ou inevitáveis: situados além da história e do erro humano, em uma "paisagem" digital em que devemos somente navegar da melhor forma possível. No Google e na Amazon, cada bit é fruto de trabalho humano tanto quanto uma calça jeans ou uma pilha Duracell. E por trás de suas existências aparentemente indescritíveis, existem contextos humanos e históricos, no ponto ideal para a discussão.

2.

Em março de 2010, escrevi uma reportagem para o jornal *The Observer* sobre um assunto um pouco mais modesto: os esforços da equipe de educação de uma emissora de televisão britânica, Channel 4, para criar um jogo on-line que ajudasse os jovens a se interessar pela questão do uso das redes sociais, como o Facebook, de maneira segura e eficiente. Como parte da pesquisa, os desenvolvedores contratados pelo Channel 4 para criar o jogo – uma empresa sediada em Londres chamada Six to Start – falaram com grupos de alunos de escolas do sul da Inglaterra.

O que ficou claro logo a princípio, durante a realização dessas conversas, foi que, ao mesmo tempo que a tecnologia ocupava um papel central na vida social, nos estudos e no lazer de praticamente todos os adolescentes, a habilidade deles em usar essas ferramentas ficava muito aquém do que os adultos poderiam imaginar. Nas palavras imortais de Donald Rumsfeld, uma multidão de "desconhecidos desconhecidos" está escondida por trás de cada experiência com essas mídias – uma lista de coisas que eles nem mesmo sabiam que não sabiam.

No topo da lista estão as configurações de privacidade. "Praticamente todo adolescente com o qual conversamos acha que sabe tudo sobre questões de privacidade, identidade e segurança on-line", contou Adrian Hon, diretor de criação da Six to Start, "e como a maior parte dos adultos que toca nesse assunto insiste em alarmá-los sobre pedofilia, eles não estão mais interessados no que os adultos têm a dizer sobre isso". Os verdadeiros medos e pontos fracos dos adolescentes não residem em abordagens sexuais diretas de estranhos, mas no lamaçal formado por configurações de privacidade, números de telefone celular e datas de nascimento.

A maior parte das crianças, Hon descobriu, "está preocupada com *bullying* pela internet e, de forma geral, com sua posição na escala social. Também percebi que muitos apresentam uma vaga preocupação, que não sabem muito bem como expressar, em relação ao que as pessoas podem descobrir sobre eles na internet. As configurações de privacidade do Facebook parecem mudar todos os meses, e até mesmo para nós é complicado entender o que elas todas significam".

Esse é o lado humano, que difere completamente da ideia de que as gerações mais novas estão transferindo grande parte de suas vidas para o mundo digital de forma alegre e sem obstáculos. Conforme alguns pais começaram a ficar cada vez mais atentos, o espaço ocupado pela tecnologia na vida dos adolescentes passou a ter suas próprias ansiedades, incertezas e incômodos – e o fato de que esses assuntos não costumam ser abertamente discutidos ajuda pouco as partes envolvidas.

O jogo desenvolvido pela equipe de Hon, chamado Smokescreen [Cortina de fumaça], ganhou o prêmio de melhor jogo no festival South by Southwest em 2010, graças principalmente a sua honestidade ao admitir a existência desses problemas. Sucessivas missões colocam os jogadores no papel de adolescentes que observam acontecimentos como uma festa com convites abertos on-line que sai completamente do controle, ou de alguém lutando para que fotos comprometedoras suas parem de atrapalhar a carreira escolar. São situações bastante simples. Ainda assim, muitos adultos que usam redes sociais falhariam na maior parte das tarefas propostas.

Hon observa que os adolescentes querem aprender mais sobre os perigos do mundo digital e se interessam por isso com bastante entusiasmo: o problema é que a forma como essas questões chegam a eles é "simplesmente inacreditável". Questões sexuais roubam a cena – e se tornam piada frequente nas salas de aula –, enquanto questões menos sensacionalistas passam despercebidas. O que é necessário, argumenta Hon, é algo crível e interessante, que possa fundamentar uma lição geral sobre comportamento on-line: "Seja esperto e pare um segundo para pensar nas consequências do que você está fazendo."

Eu gostaria de fazer uma proposta ainda mais ampla: existe uma necessidade muito grande de que o estudo e o debate sobre as mídias digitais se tornem matéria obrigatória nos sistemas de educação pelo mundo, da mesma forma que literatura, matemática e ciências. Não estou falando de guias superficiais do tipo "como fazer", que não despertam interesse nenhum naqueles que querem compreender essas mídias, mas sim de uma combinação de história digital com oportunidades de discutir a realidade e as limitações de todos os aspectos, desde redes sociais até ferramentas de pesquisa, passando por avatares e World of Warcraft. Acima de tudo, isso deveria representar um encontro de gerações em campo neutro – ouvindo e ao mesmo tempo contando histórias sobre como elas vivenciam o mundo digital.

3.

Este capítulo começou com a descrição de uma visita à sede da Google: uma empresa fundada na Califórnia, em 1998. No entanto, quando se trata da maior parte dos componentes básicos do mundo digital – da concepção de um sistema eletrônico de arquivos aos protocolos que regem toda a internet –, não costuma haver nenhuma entidade a ser visualizada e nenhuma história humana para contar.

Mesmo com os recursos da internet a nosso dispor, é difícil, por exemplo, compreender de forma clara por que praticamente todos os dispositivos digitais modernos armazenam informações usando um sistema de "arquivos" distintos. E, a menos que você seja um cientista da computação, é quase impossível discutir os prós e os contras desse sistema, imaginar outras formas que poderiam ter sido usadas no lugar desta, ou que ainda podem ser utilizadas no futuro.

Isso é válido no âmbito de todas as tecnologias complexas. Contudo, quando se trata de tecnologias digitais, tanto a influência quanto a invisibilidade dessas explicações "secretas" são especialmente relevantes.

Como o escritor Jaron Lanier ressaltou em seu livro *Gadget – Você não é um aplicativo!*, mesmo algo aparentemente simples, como o armazenamento de dados, depende de formatos e dispositivos tecnológicos particulares. Um livro, um filme ou uma música salvos como um arquivo de computador não são um registro físico: sem o software e o hardware adequados para convertê-los em som e imagem, eles não servem para nada.

Ter acesso a essas tecnologias nunca foi tão fácil. Apesar disso, compreendê-las se torna cada vez mais complicado; um processo do qual os fabricantes estão cada vez mais cientes e decididos explicitamente a encorajar é o de vender dispositivos e serviços que funcionam assim que saem da caixa, com pouca margem para os usuários personalizarem sua própria experiência ou enxergarem além da superfície para entender o que acontece lá dentro.

Conveniência e segurança fazem parte do encanto que esses dispositivos provocam, e a perda de algumas formas de controle pode muito bem ser um preço a pagar – mas desde que os compradores estejam cientes de que o preço *está* sendo pago. Contudo, tanto em relação a programas quanto a dispositivos, essa noção não é muito difundida. Intermináveis páginas não lidas de Contratos de Licença do Usuário Final listam os direitos que estamos repassando quando usamos a maioria dos serviços; contratos de compra especificam que muitos produtos digitais não pertencem de fato a seus compradores, mas estão apenas sendo cedidos. Em ambos os casos, se o serviço ou o suporte apropriados forem revogados, tudo o que sobra é informação inútil e inerte.

Desvendar o significado desses contextos é um importante desafio, em última instância porque ele pode obstruir de modo significativo

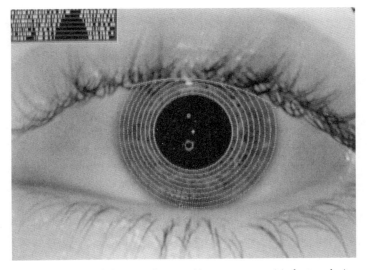

Pisque e você vai perdê-las: entender os problemas e os potenciais das tecnologias é se tornar mais forte o tempo inteiro.

a rotina casual de utilização simples de produtos e serviços. Vale lembrar, no entanto, que, a não ser que nos debrucemos atentamente sobre as intenções e limitações escondidas em nossas ferramentas, podemos esperar apenas pouquíssimas melhorias e cada vez mais abusos. Como John Naughton, professor de compreensão pública da tecnologia da Open University, escreveu em um artigo de novembro de 2011 publicado no *The Observer*, "ao utilizar serviços 'gratuitos', é preciso aceitar que você (ou, mais especificamente, a sua identidade) é o produto deles". Não existe almoço grátis, nem mesmo na internet.

Podemos estar vivendo em uma era na qual serviços e dispositivos parecem mais próximos de uma estrutura ecológica do que meramente mecânica – e isso pode fazer com que seus fabricantes exijam que os tratemos dessa forma –, mas a única natureza que moldou essas tecnologias foi a nossa própria. Se não formos capazes de compreender as histórias e complexidades por trás desse cenário em constante mutação que é o mundo digital, jamais alcançaremos aqueles que o construíram – nem suas críticas, seus avisos, propagandas e alternativas.

É provável que você não consiga imaginar uma alternativa ao Facebook da noite para o dia, ou uma loja virtual capaz de superar a Amazon. Mas você pode aprender a usar cada um deles de uma forma um pouco melhor – e a prestar atenção naquilo que nem mesmo gigantes podem fazer por você.

# 5. Compartilhamento, expertise e o fim da autoridade

I.

Em 1998, dois estudantes da Universidade de Stanford publicaram um artigo intitulado "Anatomia de um sistema de busca on-line hipertextual em larga escala". Por trás desse resumo conciso está o que pode ser considerada uma das ideias mais importantes da era digital: como trazer à tona um novo princípio de discernimento, em meio ao universo assustadoramente crescente de depósitos virtuais de informação.

Como, se perguntavam os autores, seria possível aliar uma mídia "desregulamentada", onde "qualquer um pode publicar o que quiser", a resultados de busca genuinamente satisfatórios, dizendo aos usuários não apenas onde encontrar a informação, mas indicando também quais delas têm maiores chances de ser precisas e úteis? A resposta que eles encontraram – e a crença que tinham de que esta resposta não apenas existia, mas podia ser dimensionada para englobar bilhões de documentos publicados – contribuiria profundamente para mudar o mundo ao longo da década seguinte.

Os autores do estudo eram Sergei Brin e Larry Page, e o que eles propuseram foi um produto batizado de Google – uma brincadeira com o termo matemático "googol", que representa o número um seguido por uma centena de zeros. Ferramentas de busca na internet existiam desde o início dos anos 1990. No entanto, Brin e Page perceberam que poucas pesquisas haviam sido feitas no sentido de melhorar a qualidade dos resultados que essas ferramentas ofereciam. A novidade mais significativa que eles apresentaram surgiu da percepção de que a própria metodologia acadêmica de pesquisa oferecia uma solução para o problema.

No meio acadêmico, sabe-se há muito tempo que o número de vezes que determinado trabalho é citado por outros fornece um retrato de sua credibilidade em uma área específica. Um trabalho de pesquisa citado posteriormente em centenas de outros trabalhos pode ser considerado, de forma evidente, detentor de uma credibilidade maior do que um trabalho que jamais foi citado. Traçando um paralelo, Brin e Page concluíram que o número de vezes que o link de uma página da internet era repetido em outras páginas fornecia uma percepção útil de sua importância ou qualidade – e, de certa forma, era um tipo de avaliação que poderia ser conduzida de maneira automatizada por um algoritmo suficientemente sofisticado.

O algoritmo esboçado no artigo foi batizado de "PageRank" – e existe até hoje, no núcleo do que talvez tenha se tornado o serviço digital mais influente do mundo. O PageRank cresceu de forma expressiva, em termos de sofisticação, desde seus primeiros dias, e sua fórmula exata é um segredo corporativo muito bem guardado. O princípio que o orienta, no entanto, permanece o mesmo. Uma observação extremamente precisa em larga escala fornece a chave da mais valiosa das qualidades – qualidade, propriamente dita.

Em vez de exigir que seus criadores avaliem a qualidade dos recursos disponíveis na rede, um algoritmo como o PageRank observa automaticamente como todo o mundo está usando e construindo a internet. As variáveis-chave incluem o número de links que apontam

Somente os mais distintos cidadãos franceses podem ser sepultados no Panteão de Paris. No mundo digital, o que significa o melhor?

para uma página, o número de visitantes que ela recebe, a frequência com que é atualizada e o tipo de conteúdo que oferece. Acima de tudo isso, estão dispostos sofisticados índices que incluem o tipo de visitantes que a página recebe, por quanto tempo e quão profundamente eles interagem nela, a relação de autoridade de todos os outros sites conectados a ela e se existe algum tipo de comportamento suspeito, que indique que alguém está tentando melhorar seu desempenho de modo artificial.

A história da análise de estatísticas cada vez mais avançadas desenvolvidas pelo Google e por outras ferramentas de pesquisa e a corrida armamentista contra aqueles que tentam fraudar esses resultados seriam contos fascinantes por si só. Ainda mais significativa, no entanto, é a mudança de cultura que eles ilustram. No período de pouco mais de uma década, inovações no processamento de conjuntos de dados cada vez maiores alteraram nossa percepção quanto ao que significa autoridade, talvez de forma mais extensa do que em qualquer outro período na história – e com isso mexeram também com a maioria de nossas ideias sobre valor cultural e intelectual.

## 2.

A palavra "autoridade" apareceu pela primeira vez na língua inglesa no início do século XIII, derivada do francês arcaico, com conotações especificamente literárias. Um "auctorite", como se dizia na época, era um texto no qual se podia confiar – e que, portanto, podia ser utilizado como base para argumentos culturais e teológicos. O texto desse tipo por excelência era a Bíblia, seguida pelos mais venerados autores clássicos e religiosos. Esses textos continham sua própria garantia de veracidade, e a forma mais elevada de aplicação acadêmica envolvia esmiuçar seus significados e colocá-los em prática.

O respeito à autoridade não era simplesmente uma questão de hábito; era a base de todo um sistema político e intelectual. Com o tempo, a palavra "autoridade" passou a ser usada também para se referir ao indivíduo que se dedica à leitura e pode ser considerado um especialista em determinado assunto, ou a alguém que, devido à posição que ocupava – um lorde, um rei, um arquimandrita –, merecia a obediência dos demais. Em ambos os casos, uma espécie de fé está embutida no ato de deferência: acima de tudo, a fé na ideia de que aquela deferência era um bem social e cultural.

O Iluminismo, a democracia e a cultura de massa dissolveram há muito tempo esse comportamento. Apesar disso, um pequeno grau de fé na especialidade permanece como parte integrante de nossa vida cultural, com as figuras espelhadas do crítico e do criador ocupando seu centro. Do lado de fora do reino empírico do método científico (que tem sido radicalmente transformado pelo poder de enormes conjuntos de dados), há muito tempo toleramos – e até mesmo requisitamos – pessoas cuja função é nos aconselhar sobre o que devemos ou não devemos gostar; que almejam ao mesmo tempo representar e educar o gosto do público, batendo de frente com o cânone de um determinado campo do conhecimento.

Mesmo a mais refinada das críticas foi sempre apenas mais um fator diante de muitos outros. Há muito tempo sabemos quais livros são os mais vendidos, quais filmes tiveram a maior audiência, quais obras de arte atingiram os preços mais altos e quem conseguiu o maior número de votos. Entretanto, o que não tínhamos até pouco mais de uma década atrás era um empirismo de escala e de aparência radicalmente novas, adaptadas à era digital. Hoje, temos na ponta dos dedos acesso instantâneo a um tipo de concurso de popularidade muito mais sutil e onipresente do que qualquer lista de mais vendidos: aquele adaptado a praticamente qualquer forma de pesquisa que pode ser feita, formas essas em constante mutação.

Não existe praticamente nenhuma palavra ou frase, de qualquer língua, para a qual uma ferramenta de busca moderna não exiba e classifique pelo menos um resultado. Graças a serviços como a Amazon, não existe praticamente nenhum produto – seja cultural ou comercial – que não apareça com seus números de vendas convenientemente classificados, desde um até muitos milhões, e com as avaliações e opiniões de pessoas que já o compraram disponíveis a apenas um clique. Até hoje nos valemos de opiniões críticas e do embate entre elas. Porém, quando todos nos tornamos capazes não só de ter nossas próprias opiniões, como também de publicá--las abertamente, meras proclamações individuais de conhecimento sobre um assunto começam a parecer frágeis como porcelana.

Pense no que significa, exatamente, procurar alguma coisa na internet. É muito fácil aceitar que informações como a altura de uma montanha ou a população de um país possuem um valor empírico. Contudo, questões como "Picasso foi o maior artista do século XX?" estão passando a ser vistas sob uma ótica parcialmente empírica com uma frequência cada vez maior. Basta perguntar à internet, e as respostas do mundo inteiro serão depositadas na sua frente, classificadas por relevância. A informação agregada está na ponta dos dedos: não na forma de uma resposta simples, mas sim uma resposta definitiva à pergunta implícita "quais são todas as coisas que já foram ditas sobre Picasso ser o maior artista do século XX – e quais delas possuem maior autoridade?".

A frase pode parecer desajeitada, mas esse é exatamente o tipo de avaliação que passamos a solicitar aos críticos; e não apenas a eles, mas aos detentores de todo tipo de conhecimento, de editores a jornalistas, passando por educadores. Durante séculos, era impossível que qualquer indivíduo possuísse, consumisse ou pesquisasse de forma significativa sequer uma fração do conhecimento do mundo. Portanto, sempre tivemos que recorrer a outros para nos aconselhar e selecionar materiais – e para determinar o que merece ser alocado em posição de destaque nos campos de registro permanentes.

Hoje, o processo de seleção não mais acontece antes que algo seja enviado ao mundo. Ao contrário, tornou-se uma operação constante e terceirizada. Praticamente toda e qualquer coisa está hoje sob os olhares do mundo inteiro e é peneirada não pelos formadores de opinião, mas pelo gosto do público. Sem dúvida, este é o espírito central da maior parte dos modelos digitais de negócio. Em vez de selecionar primeiro e publicar depois, publica-se primeiro e posteriormente reage-se às escolhas feitas pelo próprio público – enfatizando incessantemente as coisas que conseguem arrebatar alguma audiência e dedicando poucos esforços às demais.

## 3.

Se isso representa uma crise de valores e de autoridade, é também, sob diversas formas, uma crise extraordinariamente benéfica: a penetração em fortalezas antes assustadoras. Existem, no entanto, duas áreas que merecem atenção especial daqueles que buscam mais do que simplesmente navegar pelos novos rumos da cultura: a intelectual e a econômica.

No campo intelectual, a preocupação é com o achatamento: o desaparecimento da noção de excelência, em meio a uma cápsula de amadorismo e de autopromoção. Escritores como o norte-americano Andrew Keen argumentam que – como deixa claro o subtítulo de seu livro *O culto do amador*, de 2009 – "como blogs, MySpace, YouTube e a pirataria digital estão destruindo nossa economia, cultura e valores", sendo cultura neste caso algo divulgado e protegido por competentes detentores, trabalhando em harmonia com intelectuais e artistas.

Falando sobre temas que vão desde a publicação de livros e revistas até música, cinema e discursos políticos, Keen defende a ideia de que a difusão das tecnologias digitais está corroendo a capacidade do excepcional e do significativo de provocarem impacto público ou tornarem-se tema de discussão. Em vez disso, transitamos à vontade da mesma forma tanto pelo banal quanto pelo profundo – permanecendo mais tempo naquele que for mais fácil de digerir.

O argumento de Keen é uma nova versão de antigas preocupações quanto à democratização, em sentido amplo. Ao substituir o filtro do especialista pela escolha da massa, ele diz, a internet deu poder à turba humana: sufocando vozes discordantes ou excepcionais e deslizando sobre uma maioria passiva, com argumentos de fácil digestão e recorrendo à cultura popular.

Acompanhado dessa crítica cultural vem o argumento econômico, que é assustadoramente familiar para qualquer um que teve contato com alguma empresa de mídia tradicional na última década

– talvez mais recente e poderosamente articulado no livro lançado em 2011 pelo escritor norte-americano Robert Levine, *Free Ride* [Livre acesso]. Com um subtítulo esclarecedor – "Como os parasitas digitais estão destruindo os negócios culturais, e como os negócios culturais podem reagir" –, o livro se debruça sobre a estrutura das "indústrias culturais" modernas e os danos causados aos seus modelos de negócios pelas tecnologias digitais. "As empresas de mídia tradicionais não estão em apuros porque não estão dando o que seus clientes desejam", Levine observa, "elas estão em apuros porque não conseguem receber dinheiro por isso". Pode ser difícil questionar a abordagem digital de conceitos como "aberto" e "gratuito", ele comenta, "mas o que eles significam, na prática, é o privilégio da infraestrutura, ao custo de tirar dos criadores qualquer possibilidade de controle sobre o que fazem – muito menos de sobreviver a partir disso".

Poderíamos nos ater a minúcias e discutir as estatísticas detalhadas do colapso da mídia tradicional. Contudo, poucas pessoas discordariam do fato de que a emergência das mídias digitais provocou danos imensos tanto a muitos modelos de negócios já existentes quanto a alguns pressupostos culturais. A verdadeira questão em jogo não é exatamente o que está entrando em cena, mas a relevância disso.

É nesse ponto que a tese de Levine se encaixa perfeitamente à de Keen. Do ponto de vista dos dois, a tecnologia digital transferiu tanto a influência social quanto econômica daqueles empenhados em conceber obras culturais e intelectuais para aqueles que detêm a infraestrutura pela qual essas mídias e esses conceitos fluem incessantemente. Da mesma forma que a autoridade na internet tornou-se incrivelmente apartada do conhecimento específico, parece que a produção cultural está sendo apartada do talento.

Esta é uma conclusão que soa profundamente perturbadora a qualquer um que se importe mais com qualidade do que com quantidade – e que aponta para um dos paradoxos mais embaraçosos do mundo digital: os caminhos pelos quais a diversidade e a abertura ajudaram a aumentar, em vez de reduzir, a influência de um número reduzido de agentes.

Se antes o número de objetos competindo pela atenção do público estava na casa de milhares, agora ultrapassa os milhões. O ambiente digital é rico em novas oportunidades para qualquer um que ocupe um nicho suficientemente bem-definido: a "cauda longa" dos interesses das minorias. Entretanto, talvez o impacto mais notável dessa mudança de escala não tenha sido a diversidade, mas o crescimento de uma minoria cada vez mais influente que ocupa o topo. Da mesma forma que empresas como a Amazon e o eBay puderam, por meio da internet, conquistar um domínio global praticamente inimaginável na era pré-digital, a guerra de culturas e ideias é mais do que nunca dominada pelos poucos que conseguiram arrebatar com êxito a atenção da massa.

Existe algo extremamente darwiniano nesse tipo de competição. Veja o caso dos livros, por exemplo. Se você estará segurando a versão física, não digital, deste livro, você estará portando um objeto que tem uma única finalidade: um objeto projetado exclusivamente para exibir estas palavras a seus leitores. Se, no entanto, você estiver lendo estas palavras na tela de um dispositivo como um iPad, então elas estarão ocupando o mesmo espaço físico não apenas que todos os outros livros eletrônicos em sua biblioteca, mas também o mesmo que cada música, filme, notícias, blogs e jogos você usa.

Faz parte da natureza da era digital que essas coisas cheguem a nós de forma cada vez mais paralela, por meio dos mesmos canais, que sejam consumidas simultaneamente ou em uma sequência ininterrupta. Ao que parece, apenas os fortes sobrevivem. E essa força é medida não por um olhar crítico fixado na eternidade – mesmo no caso das obras que sobreviveram por tempo suficiente em determinada área, até que fossem consideradas clássicas. Ao contrário disso, é uma força desenhada a partir da nova autoridade da medida de popularidade.

## 4.

Se o nosso comportamento digital se resumisse a isso, então o mundo de hoje seria sem dúvida assustador para aqueles que esperam fazer mais do que simplesmente ser levados pela corrente. De qualquer forma, acredito que argumentos como os de Keen e de Levine devem ser interpretados mais como alertas do que como fatos inexoráveis – e que, enquanto muitos modelos tradicionais de negócio podem ser arrasados, nossa percepção consolidada do que significa excelência, espírito crítico e lampejo de criatividade não irá desmoronar tão facilmente.

Algoritmos são capazes de quantificar o comportamento humano em uma escala sobre-humana. Aí está a fonte de sua utilidade e seu poder. Porém, esse distanciamento da dimensão humana é também um de seus maiores defeitos – e um dos principais motivos pelo qual, desde a criação do Facebook, em 2004, e do Twitter, em 2006, os dois serviços somados conseguiram reunir mais de um bilhão de usuários. Mais uma vez, trata-se de números estratosféricos. Contudo, essa última onda de empreendimentos digitais é muito mais pautada na intimidade e na representação individual do que no poder da maioria: é pautada em usuários de internet vistos não como consumidores de cultura de massa sem rosto, mas em indivíduos ativamente envolvidos na produção cultural e intelectual de massa.

Em texto de setembro de 2010, o escritor norte-americano e editor sênior da revista *Atlantic*, Alexis Madrigal, descreveu o Twitter como "uma espécie de máquina humana de recomendações em que eu faço o papel de algoritmo". É uma das definições mais sugestivas que já encontrei para explicar por que as mídias sociais remodelaram de forma tão rápida e tão drástica a dinâmica da internet. Elas suprem uma necessidade específica que os algoritmos isoladamente não conseguem oferecer: a oportunidade de falar, e de ouvir, os outros, da posição singular de autoridade que cada um de nós ocupa – como uma autoridade de nosso próprio lugar no mundo.

Hoje, somos todos narradores e comentaristas – assim como também somos jornalistas, apresentadores de rádio, críticos, mediadores, voyeurs e propagandistas de nós mesmos, em tempo integral. A questão-chave, então, é quão preparados estamos para desempenhar todos esses papéis. Como contribuir para uma cultura de compartilhamento, na qual os valores que associamos à prosperidade possam florescer, em vez de sufocar? E quanto espaço existe para aqueles que querem tratar de aspectos qualitativos da mesma forma que quantitativos?

Ao responder a essas questões, temos maiores chances de acerto se conseguirmos adaptar ao século XXI os princípios que sempre guiaram os discursos críticos significativos: respeito não pela autoridade em si, mas pelos princípios de uma argumentação honesta, uma noção profunda de nossa individualidade e uma vontade sincera de aprender.

Veja como a dinâmica desses compartilhamentos teve impacto sobre um triste acontecimento recente: a execução, por injeção letal, de um norte-americano acusado de assassinato no estado da Geórgia. No dia 21 de setembro de 2011, Troy Davis, de 42 anos, foi morto por causa de um crime cometido 22 anos antes: o assassinato de um agente da polícia em Savannah, Geórgia, em agosto de 1989.

Ao longo dos vinte anos decorridos entre o crime e a execução, Davis se proclamou inocente e teve o apoio de um número incrivelmente grande de grupos de direitos humanos, figuras públicas e líderes políticos. As discussões sobre o caso giraram em torno da inexistência de arma do crime, do fato de sete, entre nove, testemunhas de acusação terem posteriormente voltado atrás em seus depoimentos, acusações de coerção policial e a possibilidade de que a testemunha-chave que depôs contra Davis tenha sido o verdadeiro assassino.

A execução de Davis foi adiada três vezes, mas todas as petições e apelações foram negadas em última instância. A forma como o mundo assistiu ao final da história de Davis, no entanto, não poderia ter sido mais diferente do começo. De uma apelação de última hora à Suprema Corte e um pedido de clemência que reuniu mais de 600 mil assinaturas, incluindo as do papa e de um ex-diretor do FBI, os dias e as horas finais da vida de Davis não foram marcados apenas por uma série de notícias na televisão, mas por uma série de revoltas, discussões e angústias em escala global.

De minha escrivaninha, em Londres, vi palavras voarem pelo Twitter com tal velocidade que era impossível acompanhá-las: muitos milhões de palavras, de centenas de milhares de pessoas, que incluíam desde Salman Rushdie ("Os Estados Unidos parecem um pouco mais feios esta noite") e Alec Baldwin ("A pena de morte nos Estados Unidos faz com que nos sintamos envergonhados diante dos olhos da maior parte do mundo"), até aqueles que jamais irão publicar um livro ou atuar em um filme, mas que falavam por si próprios no mesmo patamar de igualdade.

Como o escritor Andrew O'Hagan escreveu, em texto publicado na semana seguinte no *London Review of Books*, "os vigilantes e os escritores são um só (...), é assim que as notícias surgem agora: não existe intervalo entre o evento e sua recepção, entre o fato, a palavra e a difusão da palavra". Em meio a todo o barulho, o que encontrei na minha tela não foi incoerência nem uma lógica da massa. Pelo contrário, li tudo aquilo como se fosse o mundo pensando por si mesmo, filtrado pelas lentes daqueles cujos pensamentos aprendi a respeitar e nos quais confiar.

Juntamente com a corrente de comentários no Twitter, cliquei nos links e nas recomendações de mais uma centena de pessoas que eu mesmo escolhi seguir nos últimos dois anos: um grupo que inclui desde amigos e conhecidos até autores, juízes, artistas, empreendedores, médicos e professores. Estes, por sua vez, me indicaram blogs e jornais; imagens, debates e sequências de comentários; fóruns, abaixo-assinados e sites de ativistas. O efeito era diversificado, mas de forma alguma incoerente. Orientado por pessoas nas quais eu confio, observei o debate oscilar e reverberar, repassando as melhores interpretações aos que me seguem.

Não havia espaço para considerações finais, nesse caso, e muito menos para o encerramento formal de um "evento" tradicional de notícias. Pesquisando a *hashtag* #TroyDavis no Twitter, no início do mês seguinte, verifiquei que eram feitas uma ou mais atualizações por minuto, dando uma dimensão não apenas do que havia sido o evento ao vivo, mas dos milhares de formas pelas quais ele continuava a ser *vivenciado* – da forma pela qual ele se tornou parte da vida de indivíduos ao redor do mundo. Havia comentários sobre seu enterro; velhas discussões, réplicas e controvérsias; insultos, crueldades e o eco incessante dos comentários mais populares dos dias e meses anteriores.

Alguns argumentam que uma articulação das massas desse porte está fadada a ser dominada por boatos, meias-verdades e interesses específicos de poucos grupos; que, como nas palavras do escritor e acadêmico norte-americano Cass Sunstein, uma futura massa de compartilhamentos tem grandes chances de se tornar uma "câmara de eco" de pessoas com ideais semelhantes, reforçando suas próprias crenças e seus preconceitos.

Isso faz eco às críticas de Andrew Keen à cultura digital de forma geral e de seu potencial para a condescendência, a apatia e o sufocamento da verdade e da excelência: alertas aos quais devemos prestar atenção, sem dúvida. Mas classificá-los como o real estado das coisas me parece, ao mesmo tempo, uma perspectiva pessimista e passiva demais – e uma leitura equivocada do potencial individual que continua a existir mesmo durante as maiores aglomerações virtuais.

Quando se trata de autoridade, e da noção de excelência definida pela observação crítica, mais do que por análises estatísticas, não podemos ajustar o relógio de volta a uma era pré-digital de formadores de opinião vigiando – e moldando – o gosto popular.

Entretanto, somos cada vez mais capazes de olhar adiante e espalhar esse discernimento para além dos monólitos das ferramentas de busca e da generalização; de compartilhar não apenas bobagens, mas evidências de que outros valores, além da euforia da massa, podem fazer sentido não apenas para uma maioria, mas também para uma minoria.

Para dar um exemplo, foi inaugurada em 2011 uma nova ferramenta chamada Unbound Books, que oferece uma plataforma para que escritores lancem suas ideias diretamente ao público leitor. Bastante parecido com o modelo de garantias do século XVIII, de assinaturas prévias à publicação, se os autores do Unbound Books conseguirem convencer um determinado número de leitores a contribuir com uma quantia para o projeto, eles podem continuar a escrever e, por fim, concluir o livro – editado cuidadosamente pela Unbound Books e enviado diretamente para seus leitores.

É um exemplo modesto, mas, ainda assim, representa um voto de confiança na capacidade de que o público digital seja algo mais do que uma turba. Nas palavras de Noam Chomsky, um admirador de longa data do modelo Unbound, "a significância pode ser bastante relevante" – principalmente se essas estratégias representarem a forma dos negócios que estão por surgir, e de modelos de negócios em que a lucratividade não for inimiga da qualidade.

Em todos esses episódios de investimento em cultura e compartilhamento, as virtudes essenciais são confiança e respeito: os pilares de uma autoridade conquistada em uma época de igualdade. Mais de quatrocentos anos atrás, o Hotspur[2] de Shakespeare já conhecia o valor da reputação, em uma era em que a palavra de um homem

---
[2] Personagem da peça *Henrique IV*. (N. do T.)

era a garantia do seu caráter. Ao longo dos séculos seguintes, escritores ousados ajudaram a construir culturas literárias de alta e baixa qualidade da mesma forma, graças a um assíduo cortejo ao público.

Hoje, estamos repassando essa lição. O mundo está cheio de especialistas como nunca esteve antes. Mas tanto eles quanto seu público foram recentemente postos em igualdade de condições no desafio de promover a excelência propriamente dita: dependem da confiança um no outro e não podem confiar em qualquer noção de autoridade certificada por uma instituição ou um cargo mais do que naquela baseada no conhecimento profundo do campo em questão.

Econômica e socialmente, é uma época de dificuldades para quem pretende se dedicar à cultura da forma como ela foi concebida. Entretanto, precisamos mais do que nunca ser capazes de distinguir – e aprender – os truques que nos permitirão fazer isso de forma conjunta.

# 6. Sobre como se tornar menos que humano

1.

A pornografia, escreveu J. G. Ballard no prefácio de seu romance *Crash*, de 1973, "é a forma mais política de ficção, pois trata do modo como usamos e exploramos uns aos outros, da maneira mais urgente e impiedosa". Era um tipo de exploração que ele associava explicitamente à tecnologia, acrescentando ao final deste, que foi um de seus livros mais perturbadores, uma questão que se tornou cada vez mais óbvia ao longo das últimas quatro décadas: "Podemos enxergar, em uma batida de carro, os vestígios de um casamento apavorante entre tecnologia e a nossa própria sexualidade? (...) Há alguma lógica divergente aqui, mais poderosa do que aquela fundamentada na razão?"

Nenhuma descrição da vida, em uma era tecnológica, estaria completa sem levar a sexualidade em conta; e o ponto de partida mais óbvio para começar a explorar a "lógica pervertida" deste amálgama é a quantidade extraordinária de pornografia que pode ser encontrada na internet hoje em dia.

Ao contrário do senso comum, "sexo" não é o termo mais buscado na internet. Se você perguntar ao Google sobre "sexo", ele irá oferecer algo em torno de 2,5 bilhões de resultados: o suficiente para derrotar muitos outros termos, mas, o que é encantador, ainda menos de um terço dos mais de 7 bilhões de resultados para "amor". O ponto-chave, no entanto, não é a quantidade de material bruto disponível, mas quão acessível ele está. Na internet, você está sempre a uma busca e um clique de distância da pornografia. O que antes era um tabu – e exigia uma visita a um vendedor especializado, com restrição de acesso por idade –, hoje é corriqueiro. Se você quiser pornografia, pode ter: de forma instantânea e anônima, livre de custos monetários e sentimentais. Neste sentido, a pornografia é praticamente igual a qualquer outra coisa no reino virtual. É normal, no sentido de que é apenas mais uma parte do serviço.

Mas a própria pornografia foi modificada pela internet. Para começar, ela perdeu qualquer inocência ou pudor residual que um dia teve. Como qualquer outro produto da indústria do entretenimento, a pornografia está ao mesmo tempo em guerra consigo mesma e com todo o resto. Isso significa que uma atividade de reduzidíssimo denominador comum tornou-se ainda mais barata, mais obscena e mais incapaz de melhorar sua qualidade – e tornaram-se ainda mais nebulosas as fronteiras entre consumo e participação, entre encenação e realidade.

Com a internet, você não está apenas a um mero clique de distância da maioria das coisas que podemos imaginar; você também nunca está sozinho. Não importa o quão bizarro, inusitado, eclético ou até mesmo ilegal seja o seu gosto – em termos de sexo ou basicamente qualquer outra coisa –, sempre existirão outros como você do outro lado, equipados com conselhos, fóruns, sistemas de encontro e discretos protocolos de segurança, conforme o necessário. Diga ao mundo o que você quer, e se houver alguém disposto a dar o que você deseja, é bem provável que a tecnologia irá colocá-los em contato.

Isso provavelmente não a levaria muito longe no AdultFriendFinder.com.

Considere a seção "pessoal" dos classificados on-line mais bem-sucedidos do mundo, a Craigslist. Essa seção oferece, hoje, nove sabores: platônico, mulheres procuram mulheres, mulheres procuram homens, homens procuram mulheres, homens procuram homens, misc romance, encontros casuais, "sem contato" (para chamar a atenção de alguém que você tenha visto) e "queixas e reclamações" (para idolatria e abuso).

Como essas categorias pragmáticas e evidentes ilustram, praticamente tudo o que é legal e imaginável está à disposição. O site oferece vigorosamente dicas de segurança pessoal, conselhos para evitar golpes e fraudes, informação aos pais sobre como obter programas de controle de acesso, e possui uma elaborada política antitráfico e antiprostituição. Tirando isso, no entanto, você está simplesmente livre para ter o que quiser. Clique na categoria que mais se adequa ao seu gosto e você será direcionado para uma lista, em ordem cronológica, de pessoas daquela seção informando suas necessidades, ou então aquilo que estão dispostas a oferecer.

Em Londres, onde moro, em um dia normal, a seção pessoal da Craigslist recebe em torno de novecentos novos anúncios em *encontros casuais*, duzentos em *homens procuram homens*, cem em *homens procuram mulheres*, cinquenta em *mulheres procuram homens*, e de duas a 25 entradas em todo o resto. Quase todos são assustadora ou originalmente diretos, dependendo da sua perspectiva ("você tem que ter um instrumento bem grande pronto para me destruir, ou eu não responderei", "rapaz bonito disponível terça-feira pela manhã? envie foto e endereço para o primeiro e-mail, ou não responderei"). Praticamente nenhum deles exige nada além de um clique e um e-mail para que a coisa se concretize.

Se analisarmos cidades menores, esses números caem para apenas um punhado de novos anúncios a cada semana – fazendo com que o anunciante ou buscador mais dedicados precisem recorrer, talvez, aos serviços de um site mais especializado, como o AdultFriendFinder, "a maior comunidade virtual de sexo e troca de casais do mundo". Uma descrição desse porte pode colocar em xeque, de certa forma, a credibilidade da palavra "comunidade", mas a clareza quanto aos interesses comuns em jogo não poderia ser maior. Como qualquer outra coisa numa era de onipresença tecnológica, sexo digital não significa apenas olhar: significa buscar, se conectar e descobrir que você não está sozinho – ou que a solidão não precisa mais ser um fardo se você tiver uma conexão com a internet.

E significa, também, obter exatamente o que se quer, na hora em que se quer. Você procura um relacionamento sem compromisso, sem chance de acabar com o seu casamento e com discrição garantida? Basta procurar por um(a) adúltero(a) de mente aberta em um site como o Illicit Encounters, "O maior site de encontros de pessoas casadas do Reino Unido", que além de tudo oferece dicas para evitar que você seja descoberto. Mas e se o que você quer é a companhia de homens peludos com o triplo do seu peso? Existem sites que oferecem isso também (e a palavra-chave para encontrá-los é "urso").

2.

Existem muitos aspectos positivos no ato de ajudar as pessoas a conseguir o que elas desejam – mesmo que você desconfie que isso não é o que elas precisam o tempo todo. As questões que isso desperta, no entanto, seguem dois caminhos paralelos.

Em primeiro lugar, existe o risco de que algumas pessoas sejam violentadas: uma possibilidade ao mesmo tempo alarmante e facilmente identificável quanto aos aspectos morais. Desde o abuso de pessoas vulneráveis até a negociação de substâncias ilícitas, a combinação digital de distância, anonimato e privacidade pode ser uma mistura explosiva. Abuso sexual, tráfico de drogas e formas ilegais de pornografia são apenas um aspecto do lado negro das conexões digitais, mas estão entre as atividades mais preocupantes e mais noticiadas pelos jornais, portanto precisa haver tanto leis quanto fiscalização para impedi-las – algo que a internet tornou ao mesmo tempo mais prático e mais desafiador.

Porém, por mais que esses crimes sejam assustadores, eles são relativamente raros. Em segundo lugar, no entanto, está a preocupação com um problema mais frequente e também moralmente ambíguo: que um grande número de pessoas possa sofrer danos na qualidade de vida devido à facilidade para se exercer comportamentos virtuais exploratórios, redutivos e potencialmente viciantes.

A sexualidade, aqui, é uma metáfora para nossos maiores e mais obscuros medos – para nossa capacidade de, pela tela do computador, transformarmos uns aos outros em objetos, de embrutecer nossa sensibilidade e de recuarmos diante dos riscos e das recompensas do verdadeiro contato humano. Em um texto publicado no jornal *The New Atlantis* em 2010, o filósofo britânico Roger Scruton descreveu de forma memorável este ato de "se esconder por trás da tela" como "um processo de alienação por meio do qual as pessoas aprendem (...) a transformar suas vidas em brinquedos sobre os quais possuem total controle, mas um controle de certa forma bastante traiçoeiro". Scruton defende a tese de que nem todas as interações digitais caminham para essa redução, mas faz um alerta quanto às formas como a nossa liberdade de viver profundamente como seres humanos está sendo afetada quando nos excluímos do "mundo das relações humanas (...), com seus riscos, conflitos e responsabilidades".

Conforto e recompensa imediata apresentam, sem dúvida, um risco de contaminação. Porém, quando se trata de sexualidade, de pouco serve encarar a cultura digital como uma simples ferramenta para suprir nossos objetivos mais básicos. Se relações de comprometimento são o oposto do sexo casual, então vale a pena observar, por exemplo, que os sites de relacionamento on-line representam um negócio muito maior do que os de troca de casais. Em ambos os casos, um dos fatores de motivação parece ser a lista de opções de proporções jamais vistas, e a ausência da necessidade de se expor. Mas, de qualquer forma, está bastante claro que as pessoas que preenchem um formulário detalhado no Match.com não estão fazendo isso visando recompensa imediata – se fosse o caso, em vez disso estariam navegando em sites como o AdultFriendFinder.

Existe também um campo neutro, ainda mais nebuloso. Veja o caso do serviço russo ChatRoulette. Fundado em novembro de 2009, ele funciona basicamente como uma roleta-russa social, conectando pessoas aleatoriamente em conversas ao vivo via webcam e microfone. Entre no site, conecte-se, e uma transmissão em tempo real de um quarto desconhecido irá aparecer em uma caixa na sua tela, ao mesmo tempo que – supondo-se que você tenha uma webcam e um microfone – sua presença será retransmitida. As conversas duram, em média, menos de um minuto, graças à existência de um chamativo botão "próximo", capaz de transportá-lo instantaneamente para outro encontro casual.

Como é fácil prever, a nudez tornou-se comum em um serviço projetado perfeitamente para exibicionistas e voyeurs: estimativas feitas no início de 2010 calculavam que uma em cada oito interações podiam ser classificadas de "obscenas". Menos previsível, no entanto, é que o serviço tem sido usado para diversos fins, de conversas diretas a transmissões de espetáculos de música, estudos sobre uso da internet e aparições de celebridades, e possui recursos extremamente eficazes para banir aqueles que se aventuram em atos explícitos. Minha própria pesquisa nesse site me conectou a 12 jovens ao redor do mundo – incluindo um quarto apinhado de estudantes egípcios, um adolescente argelino, um norte-americano mal-educado e uma alemã encantadoramente perplexa – e só envolveu atos obscenos em dois casos, de homens na Turquia, mas aparentemente não relacionados.

Esse padrão oferece uma interessante alternativa à narrativa dos "tsunamis de pornografia" que marcou a história digital. No início dos anos 1990, quando a internet foi aberta ao público de forma comercial, histórias sobre como ela estava abarrotada de sexo e pornografia eram corriqueiras. Era praticamente impossível se conectar, diziam, sem ser bombardeado por sacanagem vinda dos arsenais infinitos do mundo digital.

Três décadas depois, o apocalipse erótico ainda não se materializou. Na verdade, o fato mais notável é o modo como se tornou fácil usar toda sorte de ferramentas e serviços digitais sem esbarrar em nada além de uma sugestão de pornografia. Se você apontar seu navegador ou ferramenta de busca em direção a "sexo", de qualquer forma que seja, em breve sua tela estará pipocando com anúncios de pornografia, promessas e imagens. Porém, a menos que você faça isso, ou então seja bastante ingênuo em relação à internet, toda a sujeira permanece alegremente recolhida em seu gueto. Sexo e pornografia podem estar competindo com tudo o mais por nosso tempo e nossa atenção quando estamos conectados, mas não conseguiram se sobrepor de forma eficaz a outras formas de atividade digital.

Na realidade, o que ocorre é quase exatamente o oposto disso. Em 1993, durante os tempos ainda pré-históricos da internet, a revista *Wired* descreveu de maneira enfática o sexo como "um vírus que infecta a nova tecnologia em primeiro lugar". Conforme a internet se tornasse cada vez mais popular e madura, defendia a tese, o sexo – que havia se espalhado como fogo descontrolado em uma paisagem digital virgem – perderia seu apelo, em grande parte devido à falta de potencial para a sofisticação.

No que diz respeito a sites e serviços digitais, essa tese se provou incrivelmente verdadeira. Em outubro de 2011, de acordo com as estatísticas da empresa de monitoramento de tráfego Alexa, sexo e pornografia eram oficialmente menos interessantes para o mundo do que a Amazon, a Wikipédia, o site The Internet Movie DataBase e dezenas de outros serviços, que iam desde sites de busca até redes sociais. Todos estavam em posição muito mais privilegiada, entre os principais sites do mundo, do que qualquer serviço sexual ou de pornografia, com apenas um site relacionado a sexo integrando a lista dos cinquenta primeiros, na quadragésima quarta posição (chama-se LiveJasmin e é, de acordo com o informe da Alexa, "visitado normalmente por homens entre 18 e 24 anos, sem filhos e que acessam o site de suas casas"). Menos de dez sites "adultos" atingiram a lista dos cem primeiros. De forma similar, se você usar as análises do Google Insights para estimar o interesse global em buscas por sexo e pornografia entre 2004 e 2011, vai descobrir que esses termos superam tudo, desde livros até música e filmes – mas, por sua vez, são derrotados pelas buscas de termos como "Google", "Facebook", "YouTube" e "Yahoo!", entre outros. Como muitos de nós, a internet está menos interessada em sexo do que por si mesma.

Isso ocorre, em parte, porque um grande volume de pornografia e conteúdo ilícito migrou dos canais principais da internet para redes privadas, estabelecidas direta e discretamente entre aqueles que desejam trocar esse tipo de material. E também porque aprendemos a esperar algo mais de nossa tecnologia – e de cada um de nós – durante esse tempo; e porque as formas de "comunidade" digital que exercem cada vez mais influência no mundo são baseadas em algo além de exploração mútua.

## 3.

Uma comparação com os e-mails é válida neste ponto. Checando minha caixa de spam, as trezentas e tantas mensagens não solicitadas que chegaram ao longo da última semana são bastante típicas: promessas de potência sexual, produtos eletrônicos com desconto, cartões de crédito, remédios contra o envelhecimento, empréstimos em dólares, ofertas de relacionamentos sexuais e, o mais intrigante de todos, "informações importantes sobre o seu dentista". Minha conta de e-mail é um receptáculo passivo de todo lixo e absurdo do mundo – e assim eles jorram, para mim e para qualquer outra pessoa, em uma quantidade que responde por aproximadamente oitenta por cento de muitas centenas de bilhões de e-mails enviados a cada ano pelo mundo todo.

Esse é exatamente o bombardeio prenunciado com alarde pelos profetas do apocalipse no início da era digital. Entretanto, a lógica desse bombardeio é completamente desintegrada quando me torno um ativo – e interativo – controlador da informação, mais do que um receptor passivo. A partir do momento em que posso escolher quando quero visitar sites de pornografia, ela se torna, no melhor dos casos, um recurso de utilidade e interesse limitados no que tange ao uso ativo das mídias digitais.

Na verdade, tanto em termos de conteúdo quanto de experiência, a pornografia é entediante demais, a ponto de tornar-se incapaz de competir por atenção ativa na internet. Serve para ser olhada, escolhida, usada e descartada, diz pouco sobre nós mesmos ou sobre outras pessoas, e quase nada que já não conheçamos, além das fronteiras de preferência e possibilidades mecânicas. Ela é seu próprio campo estéril de clichês e repetições: um gueto que quase todos nós, para falar a verdade, já visitamos em algum momento, mas no qual temos pouca vontade de perder mais tempo ou investir mais esforços do que o mínimo necessário.

A comparação com o gueto é significativa em diversos níveis, levando-se em conta que sugere algo maior sobre a natureza do comportamento humano na internet e sobre os nossos melhores esforços para regulá-lo – e a nós mesmos. Falando em 2003, numa conferência TED na Califórnia, o escritor científico Steve Johnson fez um esboço dos motivos pelos quais ele acreditava que a internet se assemelhava a uma cidade: é uma coisa "construída por muitas pessoas, sobre a qual ninguém tem completo controle, intricadamente interconectada e ao mesmo tempo funcionando como diversas partes independentes".

O esboço de Johnson oferece um exemplo de estrutura que serve tanto para extrairmos o máximo uns dos outros quanto para policiarmos nosso novo mundo de forma eficiente: um novo mundo que não pode ser controlado nem por um poder central imposto, nem por qualquer quantidade de educação genérica, e que para prosperar depende do bom funcionamento de diversas formas entrelaçadas de comunidade.

A polícia, da forma como conhecemos hoje – uma agência de defesa da lei, paga pelo Estado, mas que age de acordo com os interesses públicos e em harmonia com a população de uma forma geral –, surgiu nos séculos XVI e XVII, diante dos desafios que a expansão das cidades representava para a lei, a saúde e o bem-estar públicos. Uma força policial legítima e eficaz deveria trabalhar junto às comunidades locais, e era formada em parte por integrantes dessa comunidade.

Como argumentei anteriormente, alguns dos maiores perigos do lado negro do comportamento humano na internet é o seu potencial para incentivar o abuso de minorias, ao mesmo tempo que provoca o embrutecimento da maioria. Isso se aplica não apenas ao sexo e à sexualidade, mas a todos os comportamentos que visam reduzir, explorar e humilhar pessoas para obter prazer. Para defender nós mesmos e nossa sociedade desses males, os melhores modelos digitais mimetizam o policiamento efetivo do espaço urbano, mesclando o *éthos* de uma comunidade cujos membros zelam uns pelos outros com critérios externos impostos de dentro.

Em 2007, em resposta aos problemas de abuso e desonestidade que percebeu estarem prejudicando a experiência de muitos membros da comunidade digital ao redor do mundo, o editor, blogueiro e principal responsável pelo movimento de software livre Tim O'Reilly propôs um "código de conduta para blogueiros", dividido em sete pontos inspirados, de certa forma, em comparações com o espaço urbano, como as que foram feitas por Johnson.

Os seis primeiros pontos do código tratavam da responsabilidade que blogueiros deveriam ter pelo conteúdo à disposição em seus sites, da questão do anonimato, e de como combater potenciais fontes de abuso e ofensa. O sétimo ponto elaborado por O'Reilly, no entanto, era mais genérico, e é uma das sínteses mais perfeitas do que deve ser nosso comportamento virtual: "Nunca diga na internet aquilo que você não diria pessoalmente."

O'Reilly estava oferecendo as bases de um princípio regulador da civilidade nas interações digitais, e também para a civilidade em seu sentido etimológico mais estrito: como se comportar corretamente como um cidadão, que tem que conviver em extrema proximidade com outros. "Acredito", ele explica logo em seguida em seu blog, "que a civilidade é contagiosa, da mesma forma que a incivilidade. Se esta for tolerada, torna-se cada vez pior. Não existe apenas uma comunidade blogueira, assim como não existe apenas uma comunidade em uma cidade grande (...) não é por acaso que as palavras 'civilizado' e 'civilização' têm oito letras em comum".

A ideia de lidar com as pessoas como se elas estivessem "pessoalmente" diante de você é bastante poderosa. Uma forma de coisificação tão maligna quanto a pornografia é o chamado *cyber-bullying*, que pode ir de uma simples ofensa verbal até uma extensa perseguição através de sites e serviços, do trabalho e do lazer.

Em seu livro *Alone Together* [Sozinhos juntos], lançado em 2011, a psicóloga norte-americana e professora do MIT Sherry Turkle traça um quadro alarmante do grau em que a vida de alguns jovens é afetada por esses comportamentos. Um de seus entrevistados, um estudante chamado Zeke, contou que digitalizava fotos de revistas para montar perfis falsos, os quais usava para empreender discussões extremamente críticas sobre ele mesmo no MySpace. Depois, ele esperava para ver quem, entre os seus contatos, ingressava na conversa, como uma forma de descobrir "se as pessoas te odeiam" – hipótese extremamente possível de ser concretizada dentro da subcultura extremamente ansiosa e insultante em que ele vive, na qual o ostracismo digital é uma espécie de morte social.

A despersonalização, no caso de Zeke, se vale da exploração da liberdade e do irrealismo digitais para esvaziar de sentido os valores centrais de uma vida: identidade social, capacidade de se relacionar de modo gentil, oportunidades para expressão individual sincera e compartilhamento de experiências.

A tecnologia é um facilitador, mas não a causa principal, de tudo isso. Hoje em dia, todos nós somos capazes de satisfazer a maior parte de nossos instintos mais primitivos, de acordo com a nossa vontade, dentro do reino digital – e a maior parte de nós o fará, em algum momento. Porém, ao mesmo tempo, também precisamos ser mais do que meros objetos uns para os outros; precisamos encontrar espaços virtuais e reais que nos aceitem "em pessoa", como parte de um povo do qual se esperava civilidade.

O anonimato não é um mal implacável, da mesma forma que saber o nome de uma pessoa não é garantia de seu caráter. O que devemos combater, propriamente, é a espécie de narcisismo que enxerga todas as relações na internet – sejam elas anônimas, dentro de um ambiente virtual ou entre amigos, no Facebook – como algo que não serve para nada além da satisfação dos nossos próprios desejos. Isso é, acima de tudo, uma questão sobre a força e a integridade de nossas comunidades, e sobre a capacidade que elas têm de associar um policiamento eficaz com o respeito por valores comuns: sobre a capacidade de autorregulação, sem deixar de recorrer à autoridade quando necessário. Em ambos os casos, é preciso estabelecer diretrizes. Seja na internet ou pessoalmente, somos tão humanos quanto os outros nos permitem ser.

# 7. Diversão e prazer

I.

Em 2006, o psicólogo norte-americano Geoffrey Miller aproveitou um ensaio na revista *Seed* para explorar a questão conhecida como Paradoxo de Fermi, assim batizada em homenagem ao físico ítalo--americano Enrico Fermi, que a propôs pela primeira vez no final da década de 1950. Por que, Fermi perguntava, a humanidade nunca encontrou nenhuma evidência de vida inteligente extraterrestre, apesar da vasta dimensão e da longa idade do universo, e do número de planetas potencialmente habitáveis que ele contém?

As respostas mais comuns à pergunta de Fermi incluem desde a hipótese de que a vida é extremamente improvável até especulações de que os alienígenas explodiram a si mesmos – ou que existem e nos encontraram, mas não querem que a gente saiba. Miller, no entanto, elaborou uma teoria que dificilmente teria ocorrido ao próprio Fermi: "Acho que os alienígenas não explodiram a si mesmos. Eles apenas se viciaram em jogos de computador."

Por mais de um século, a ficção científica explorou a possibilidade de utopias construídas artificialmente: da sinistra ideia de perfeição humana traçada por Aldous Huxley, em *Admirável mundo novo*, aos robôs humanoides e às emoções controladas artificialmente presentes nos romances de Philip K. Dick. Miller, por sua vez, desenhou uma forma sutilmente perturbadora e de especulação utópica. Em vez de construir um Paraíso na Terra, ele sugere, pode ser que um dia todos nós desistamos da realidade ao mesmo tempo.

Parece que, gradualmente, pelo menos uma forma mais branda dessa possibilidade está tomando o mundo à nossa volta. De acordo com a *game designer* norte-americana Jane McGonigal, autora de *Reality is Broken*, publicado em 2010, a humanidade gasta hoje mais de três bilhões de horas por semana com jogos eletrônicos. E esse número só tende a crescer. Estamos vendo uma migração maciça de esforços, atenção, relações e identidades humanos para ambientes digitais, projetados exclusivamente para nos entreter e nos enfeitiçar.

De acordo com o termo cunhado pelo norte-americano Edward Castronova, economista e pesquisador de ambientes virtuais, a relação entre as atividades virtuais e a satisfação pessoal de um indivíduo pode colocá-lo diante de um "dilema de imersão tóxica": um conflito entre os prazeres, verdadeiramente reais, provocados pela imersão em um espaço virtual, e os efeitos, potencialmente tóxicos, que essa imersão pode ter na vida dessas pessoas e na sociedade em que elas vivem.

Em agosto de 2011, Castronova e o professor de economia alemão Gert G. Wagner publicaram no periódico *Kyklos* um estudo intitulado "Satisfação na vida virtual". O estudo comparou dados de 2005 da World Values Survey com os de uma pesquisa feita em 2009 com usuários do mundo virtual Second Life, analisando as relativas mudanças na satisfação pessoal provocadas por acontecimentos como uma demissão e pela participação no mundo virtual.

O aspecto mais impressionante do estudo de Castronova e Wagner não foi a conclusão de que o uso do Second Life aumentava a satisfação pessoal – isso era algo esperado, visto que seu único objetivo é a diversão –, mas sim o *volume* do aumento na satisfação pessoal provocado. De acordo com estudos acadêmicos sobre felicidade, a correlação entre desemprego e baixo nível de satisfação pessoal é um dos resultados mais expressivos encontrados. Entretanto, a cota de satisfação pessoal gerada pelo ato de jogar Second Life era quase igual àquela gerada pelo ato de encontrar um emprego e, consequentemente, deixar de estar desempregado.

"Isso", observam os autores, "nos leva a algumas suposições interessantes. (...) Dado que 'entrar' no Second Life requer pouco mais que um computador e uma conexão à internet (e tempo livre, o que um desempregado possui de sobra), os efeitos comparáveis aferidos aqui indicam que uma pessoa pode ser fortemente induzida a buscar refúgio em uma vida virtual, em vez de tentar mudar sua vida real".

As conclusões do estudo podem ser interpretadas de duas formas distintas. Por um lado, ele enfatiza o fato de que, para usuários de ambientes virtuais, o tempo gasto neles costuma ser pago de forma abundante em termos de compensação emocional. Por outro, nos traz de volta às limitações da vida real como uma forma de satisfação, se comparada com ambientes simulados – e à questão de se deveríamos procurar melhorar o mundo real, tomar partido na luta contra os encantos, ou as duas coisas ao mesmo tempo.

2.

O conceito de "play" (brincar, jogar, atuar) é emblemático para muitas de nossas vidas mediadas digitalmente – do prazer consolidado que temos em poder esquecer, temporariamente, os intermináveis problemas da vida real, para entrarmos em terrenos que oferecem garantias e soluções. Quando analiso a maioria dos mais bem-sucedidos serviços digitais, como YouTube, Twitter e Facebook, sempre fico impressionado pelo tanto com que eles se parecem com um jogo: retribuem os esforços dos usuários com parâmetros como o número de amigos, contatos ou comentários; criam um fluxo contínuo e envolvente de ações e reações, complementados por oportunidades de cooperação e competição. Às vezes, é claro, precisamos agir como adultos. Mas o fascínio que esses mecanismos de interação provocam permanece. E isso me dá a noção da profundidade com que a diversão digital oferece uma janela para o futuro do desenvolvimento de nossos desejos e comportamentos – e de como a divertida liberdade desses espaços pode remodelar tanto o que esperamos de nossas sociedades como uns dos outros.

E outro conceito intrigante que surge em meio a essa discussão é o de "playbour" – termo em inglês derivado da junção de "play" e "labour" (trabalho), usado para definir a crescente economia de trabalho real dedicado a produtos que existem somente em ambientes virtuais.

O próprio verbo "existir" dá origem a alguns questionamentos aqui. Eu e minha esposa jogamos o game on-line de fantasia World of Warcraft desde que foi lançado, em 2004. Nossos personagens no jogo são o resultado de milhares de horas de esforço, e os equipamentos que eles carregam foram obtidos ao longo de semanas de aventuras, explorações e investidas ousadas, na companhia de dezenas de outros jogadores. Em que sentido, no entanto, esses avatares de pixels "existem", dado que a presença deles no mundo remonta a pouco mais do que uma carga elétrica alocada em um disco rígido do sistema de computadores da companhia que opera o jogo?

A única resposta significativa para essa questão é aquela que recorre à crença coletiva. O valor do meu personagem de World of Warcraft não é maior nem menor do que o valor do dinheiro em minha conta bancária – pelo contrário, são igualmente dependentes de fé e consenso. Mais de 10 milhões de pessoas ao redor do mundo pagaram para ter o direito de jogar World of Warcraft. Se algum desses jogadores, residente nos Estados Unidos, quiser obter equipamentos incríveis para o seu personagem sem ter que investir centenas de horas no jogo, os esforços de outra pessoa terão como medida exatamente o que o jogador estiver disposto a pagar; uma taxa variável que, no maior dos casos, pode chegar a milhares de dólares por um personagem excepcional.

A indústria que serve a esse tipo de necessidade é amplamente condenada pelas companhias que operam os jogos, mas, mesmo assim, movimenta centenas de milhões de dólares – prova concreta da proporção dos investimentos de confiança, tempo e esforço feitos atualmente nos ambientes virtuais. E, apesar da aparente insensatez que existe no ato de pagar centenas ou até milhares de dólares por um artefato virtual (o recorde atual para a venda de um objeto virtual foi estabelecido em 2010, quando uma estação espacial no jogo Entropia Universe foi vendida por 330 mil dólares), isso faz algum sentido quando levadas em conta as experiências emocionais que os melhores jogos oferecem a pessoas preparadas para "trabalhar" duro na hora de jogá-los.

Não é mera coincidência, por exemplo, que os cenários da maior parte dos jogos mais populares do mundo remetam a uma simplicidade pastoral – fazendas, castelos medievais, paisagens verdejantes idealizadas –, nem que um dia árduo nesses mundos envolva

Jogadores ocupados demais, ou impacientes, para avançar em um jogo podem até mesmo terceirizá-lo na China, onde pessoas jogarão para você – por um preço.

colheitas num pomar ou habilidades comerciais, sem o mal-estar exaustivo do trabalho duro. Desde a elaboração de produtos dos quais podemos nos orgulhar até os prazeres de uma investida coletiva bem-sucedida contra um desafio comum, muitas das rotinas modernas de trabalho no mundo real estão longe de ser suficientemente "reais" no que tange às satisfações emocionais que oferecem. Em contraste, a simplicidade idílica de ver a aplicação de uma habilidade ser imediatamente recompensada por um resultado útil e atraente – mesmo que virtual – pode ser tão satisfatória, à sua maneira, como confeccionar uma tigela de madeira ou assar um pão.

Não sou o tipo de pessoa que gasta – nem ganha – muito dinheiro em mundos virtuais, além de minha taxa mensal de assinatura a vários deles. Mas ainda assim acho difícil ver a diferença entre um amigo que gasta 50 libras numa calça jeans de marca ou a mesma quantia numa vestimenta virtual, feita por um designer, para seu avatar em um jogo. Uma é palpável, a outra é digital. Nenhuma das duas, no entanto, é necessária – e a versão virtual pode muito bem durar mais e render mais horas de diversão.

Os mesmos princípios econômicos fundamentais comandam ambas as aquisições, baseadas não em algum valor intrínseco, mas na posição que esses objetos ocupam em várias relações como oferta e procura, percepção, informação e exibição. A própria descrição de um objeto como "virtual" leva a conclusões equivocadas nesse contexto. Conforme aceitamos que possuir dados e pixels pode ser um negócio tão sério quanto a exploração de petróleo, regulamentar transações virtuais se torna um problema cada vez mais real – e que não perde importância apesar da forma inédita como esses objetos são criados, mantidos e adquiridos. Num campo onde a crença coletiva dá as cartas, somente uma estrutura econômica que inspire confiança concreta em seus usuários irá sobreviver – o que pode acabar por transformar bens virtuais em um investimento mais atraente do que muitos bens "supostamente" reais.

## 3.

Quando se trata de irrealidade, a imersão em uma simulação de tarefas medievais não é mais a única febre. Nas décadas de 1980 e 1990, parecia que o futuro mais emocionante possível para o entretenimento digital situava-se na imersão em mundos virtuais. Porém, passado pouco mais de uma década, fica cada vez mais claro que o futuro do entretenimento virtual será muito menos parecido com *Matrix* do que com algo ao mesmo tempo mais simples e de alcance muito mais amplo.

Como falei anteriormente, World of Warcraft, o *role-playing game* on-line mais lucrativo de todos os tempos, registrou cerca de 10 milhões de assinaturas pagas ao longo de sete anos de existência. Porém, um tipo bem diferente de jogo conseguiu se projetar na vida de mais de meio bilhão de usuários desde seu lançamento, em 2009: Angry Birds.

Angry Birds é um jogo de simplicidade praticamente elementar. Em um mundo bidimensional bonitinho, como o de uma história em quadrinhos, porcos malvados roubaram os ovos de um grupo de pássaros (*birds*), deixando-os furiosos (*angry*) – daí o nome. A tarefa do jogador é ajudar os pássaros a recuperar esses ovos, e, para isso, é preciso destruir algumas centenas de telas das precárias fortalezas dos porcos, atirando de uma catapulta localizada em um ponto fixo.

Isso é o que se chama de jogo baseado em um princípio físico, visto que a diversão surge a partir do cuidado necessário para escolher o ângulo e a força de um número limitado de tiros, determinados a demolir as fortalezas e achatar os porcos. Além dos diferentes tipos de pássaro – que servem de munição –, este é basicamente o resumo completo do jogo. Usando um aparelho *touch-screen*, como um smartphone ou tablet, você puxa o elástico da catapulta usando o dedo, mira e solta. E repete. Milhares de vezes.

Angry Birds é fruto da mais recente fase no desenvolvimento de tecnologias de jogabilidade: o surgimento de dispositivos portáteis poderosos como smartphones e tablets. Praticamente da noite para o dia, os jogos eletrônicos deixaram de ser exclusividade dos autointitulados "gamers", com seus computadores ou videogames caros. Agora, em vez disso, os jogos eletrônicos estão rapidamente se tornando um passatempo universal.

Indo ou voltando do trabalho, esperando por uma reunião, ou até mesmo num trajeto de elevador ou de escada rolante, jogos simples como Angry Birds permitem injetar uma quantidade de diversão com imenso potencial de absorção mesmo num curto espaço de tempo. Eles extinguem o tédio; exigem habilidade e premiam o esforço. Eles fazem, de fato, tudo aquilo que Geoffrey Miller previu, em 2006, quando imaginou alienígenas correndo atrás de "reluzentes centavos de prazer", em vez de procurar por vida em outros planetas. Seja Angry Birds ou Warcraft, os mecanismos psicológicos que geram um bom jogo são bem parecidos, no fundo, com aqueles que geram a maior parte das boas experiências digitais.

Eles envolvem um terreno limitado, com fronteiras claras, onde a interminável complexidade da realidade é substituída por algo mais simples e mais intenso: uma série de problemas a serem resolvidos, ou de ações a serem executadas, com a garantia de resultado se forem feitas da maneira certa. Neste sentido, Angry Birds é indiscutivelmente uma utopia: um Éden estático, feito de grama, céu azul, pássaros e porcos, onde qualquer jogador pode eventualmente triunfar em todos os níveis – e onde aprender a fazê-lo é um processo extremamente agradável.

Em termos sociológicos, Angry Birds propõe o que é conhecido como problema *"tame"* (domesticado). Analisados pela primeira vez em 1973, em um estudo de autoria dos teóricos sociais Horst Rittel e Melvin Webber, os problemas *tame* incluem jogos como o xadrez e a maior parte dos problemas de matemática. São problemas nos quais a pessoa que está tentando resolvê-los tem todos os dados necessários à disposição e sabe desde o início que existe uma solução final ou alternativa vencedora.

Ao contrário dos chamados problemas *"wicked"* (terríveis): problemas nos quais não existe uma maneira de expressar de forma clara a questão que está em jogo, nem algo como uma solução única ou definitiva. Cada problema *wicked* é uma combinação única de circunstâncias, elas mesmas entrelaçadas a outros conjuntos de problemas. Um problema *wicked* típico pode ser a saúde financeira de uma empresa ou de um país, ou alguém tentando decidir qual a melhor maneira de administrar sua vida pessoal. Em todos os casos, a única forma de solução que se pode esperar é uma estratégia que domestica alguns aspectos do problema, dividindo-o em elementos distintos e apontando quais as melhores e as piores formas de lidar com eles.

Desse ponto de vista, a vida em si é um problema *wicked*. Numa das piadas mais geniais da ficção científica, o escritor inglês Douglas

Adams imaginou, em seu livro *O guia do mochileiro das galáxias*, um supercomputador capaz de responder à "Questão Fundamental da Vida, o Universo e Tudo o Mais": um simples número, 42. A piada reside na incoerência absurda entre o tipo de problema que pode ser respondido por um simples número e o tipo bem diferente de "problema" que a vida representa. A própria ideia de que a vida (esqueça o Universo ou Tudo o Mais) possui uma solução, da mesma forma que um jogo de xadrez ou Angry Birds, é um divertido absurdo.

Quando jogamos, estamos diante do *tame*, em detrimento do *wicked*. Este é um dos principais motivos pelos quais os jogos nos dão tanto prazer: e o motivo, em termos evolutivos, pelo qual eles possuem tanta importância por todo o reino animal. Jogos e brincadeiras são formas seguras por meio das quais aprendemos habilidades específicas, que vão de coordenação e combate a velocidade e camuflagem. Jogamos no intuito de praticar para a vida – porque a vida para valer nunca é prática. No mundo real, momentos e oportunidades não aparecem duas vezes – "a insustentável leveza do ser", nas palavras do escritor tcheco Milan Kundera.

4.

A previsibilidade e a possibilidade de repetição estão entre as maiores dádivas do reino digital. Todos podem ser heróis de suas próprias histórias e podem experimentar o progresso e o triunfo. Aqueles que estão entediados ou desgostosos podem melhorar sua satisfação diante da vida com uma facilidade sem precedentes, se comparada à realidade – ou podem se esconder diante de situações insuportáveis.

Em texto publicado no jornal *The Guardian* em novembro de 2008, a romancista britânica Naomi Alderman descreveu como, vivendo em Manhattan, em 2001, ela se valeu de jogos de videogame para escapar de um mundo real que havia temporariamente se tornado tão carregado de ansiedade, depois dos ataques terroristas do 11 de Setembro, que era difícil suportar.

O jogo escolhido por Alderman foi Diablo II. Encenado em um mundo de fantasia povoado por demônios e legiões de mortos-vivos, o jogador comanda um personagem heroico e pode se juntar a amigos para atravessar cavernas quase infinitas, repletas de adversários. "Eu me lembro de sair de uma sessão de quatro horas de Diablo II com a mesma sensação de estar voltando de férias", ela recorda, "extremamente grata por ter tido a oportunidade de obliterar as imagens de verdadeiro horror que povoavam minha cidade. O jogo ocupava minha mente de tal forma que não sobrava espaço para o embrião de ansiedade que eu experimentava o restante do tempo. Era uma enorme bênção".

No universo de jogos como Diablo II – na verdade, no ambiente de qualquer serviço digital bem-projetado –, alguns dos problemas mais *wicked* de nossa vida podem ser, pelo menos temporariamente, suplantados por um tipo de experiência *tame*. Além disso, como argumentaram Jane McGonigal e outros escritores e teóricos, essa mesma lógica pode ser aplicada um passo além, utilizando-se as lições aprendidas nos melhores jogos e tecnologias para tornar a própria realidade "melhor". Isso significa que podemos buscar refinar processos mundanos de recompensa, comprometimento, educação e trabalho em equipe à luz das novas tecnologias e de suas ricas conexões de dados comportamentais:

um processo que muitas vezes é resumido pelo assustadoramente feio termo "gamificação".

Um exemplo simples é o consumo doméstico de energia elétrica: um assunto completamente sem charme, mas componente importante de todas as propostas de redução de despesas. Existem fortes evidências de que a substituição do relógio tradicional por um que mostre o consumo em tempo real torna as pessoas mais atentas para o quanto de energia é gasto por diferentes aparelhos domésticos. Alguns psicólogos e *game designers* pretendem levar além esse tipo de feedback, aproveitando a experiência obtida no desenvolvimento de jogos extremamente envolventes.

Designar diferentes tarefas e alvos a pessoas, dentro de um determinado período, por exemplo, pode contribuir para a motivação e o comprometimento em longo prazo; da mesma forma, compartilhar dados e resultados com os vizinhos ou com vizinhanças pode encorajar um número maior de pessoas a se esforçarem mais e a adotarem estratégias melhores. Existem também possibilidades mais amplas, como atribuir uma pontuação para diferentes tipos de esforço e realização, associando a eles uma troca por recompensas, rankings e sistemas de educação e referência. Como o personagem Tom Sawyer, de Mark Twain, já sabia em 1876, você pode transformar até mesmo o ato de pintar uma cerca em uma experiência envolvente, se for capaz de enxergar a excelência nessa tarefa como uma realização especial.

Em ambos os casos, as lições psicológicas estão explícitas. A novidade, no entanto, é o grau de sofisticação e automação digital que as tecnologias nos oferecem para sustentar essas propostas, e os exemplos práticos que podem ser retirados dos jogos e serviços digitais mais bem-sucedidos do mundo.

Esse tipo de lição não é aplicável a qualquer situação. Ainda assim, acredito que a partir delas podemos enxergar um modelo produtivo de diálogo entre as melhores técnicas digitais, visando ao comprometimento, e um melhor comprometimento em questões que incluem educação, passando pela consciência ambiental e chegando à participação política. Quando se trata de aprendizagem, especificamente, já estamos começando a perceber, no comportamento e na destreza da nova geração de "nativos digitais", como as lições retiradas de jogos poderão, em breve, transformar tanto a abrangência quanto a eficiência dos sistemas de educação.

Enquanto espécie, evoluímos ao longo de centenas de milhares de anos até chegar a um estágio ideal. Hoje, começamos a nos envolver em um extraordinário caso de engenharia reversa: construímos mundos e espaços artificiais projetados para nos fascinar e nos agradar, livres das complexidades e das decepções da natureza. A amplificação do nosso potencial como espécie prometido por esse processo é incrível. Juntos, somos quase que incalculavelmente mais do que jamais fomos. Individualmente, possuímos um escopo inimaginável um século atrás.

Porém, apesar de todo esse potencial, somos vulneráveis e não podemos nos dar ao luxo de perder de vista o fato de que não há soluções completas nos reinos *tame* de nossas próprias criações. Uma espécie de perfeição é possível em jogos como Angry Birds. Com tempo e dedicação suficientes, qualquer um dos 350 milhões de usuários ao redor do mundo pode conseguir as três estrelas máximas em cada um dos níveis. Mas não temos como, nem podemos, obter o mesmo no mundo real e teremos problemas se passarmos a esperar por isso, ou se falharmos na hora de desenvolver estratégias para lidar com as *wicked*, ingratas e velhas mágoas. A realização desses milagres deve ficar restrita às nossas tecnologias mais recentes, formas completamente inéditas de dimensionar, desenvolver e melhorar as ações e experiências humanas. Acima de tudo, não podemos simplesmente dar as costas à realidade, ou confundir o prazer e o alívio proporcionados por sistemas *tame* com a tarefa confusa e imperfeita que é nos tornarmos cada vez mais humanos.

# 8. A nova forma de se fazer política

I.

O que o movimento norte-americano do Tea Party, o Pirate Party anticopyright fundado na Escandinávia, os eventos da Primavera Árabe e os protestos globais do tipo Occupy têm em comum? Existem poucas semelhanças ideológicas entre eles, para dizer o mínimo. Porém, todos representam uma nova forma de política que surgiu ao longo das últimas décadas: uma política baseada na disseminação viral de ideais e ideologias, e em formas de ação política guiadas mais como franquias do que como operações partidárias tradicionais, minuciosas.

Para participar, tudo o que o indivíduo precisa fazer é listar as bases ideológicas, estabelecer formas digitais e convencionais para organizar as ações e lançá-las sob a bandeira do movimento. Pode haver líderes, mas não existe uma hierarquia de comando. Costuma ser mais claro entender o que o movimento odeia, e ao que se opõe, do que as propostas de mudança que apresenta ao mundo, objetivamente. E, a menos que as autoridades estejam preparadas para aplicar a força bruta em resposta – como foi o caso em algumas partes do Oriente Médio –, as consequências podem ser transformadoras, até mesmo revolucionárias.

Em uma metáfora cunhada pelo escritor e filósofo britânico Ren Reynolds, essas tendências políticas são como ondas em um rio – ao passo que a substância que lhes permite existir, o curso d'água propriamente dito, é a nova política de uma era interconectada digitalmente.

Conforme estamos cada vez mais conectados digitalmente, passamos a abordar a política de novas formas. Filiações a partidos oficiais e assembleias de votação fracassaram significativamente nas democracias mais desenvolvidas ao longo dos últimos cinquenta anos. Na maioria das pesquisas, a confiança declarada nos políticos está próxima dos níveis mais baixos de todos os tempos, enquanto os tradicionais responsáveis pelo debate político público – jornais impressos e canais de televisão – estão apenas um pouco melhor que isso no que tange ao gosto e ao interesse públicos. Dê uma olhada nas manchetes dos jornais, no entanto, e será difícil não esbarrar com ações políticas envolvendo um número impressionante de pessoas de diferentes tipos: protestos globais reclamando de uma injustiça particular; organizações sombrias disseminando terror e desavenças.

No momento em que escrevo, no final de 2011, as cidades de Nova York e Londres estão vivenciando ocupações de seus centros, organizadas pelo movimento de protesto anticorporações conhecido como Occupy – um movimento que, graças à cobertura tanto da mídia tradicional quanto das novas mídias, está sendo simultaneamente reproduzido em mais de novecentas cidades ao redor do mundo, em países como Honduras, Bolívia, Alemanha, Japão, Sérvia e Índia. De acordo com os "Princípios de solidariedade – diretrizes de trabalho" listados no volumoso site da ocupação original norte-americana, o movimento "ousa imaginar uma alternativa sociopolítica e econômica que ofereça maiores possibilidades de igualdade".

O site também oferece um "guia rápido para iniciar uma Assembleia Geral", para aqueles interessados em fazer o mesmo em qualquer lugar. Isso denota uma sinceridade muitas vezes desprezada; apesar disso, a paixão e o volume de conversas, debates e experiência prática

Occupy Seattle: mais uma agitação na superfície da ordem política em constante mudança do mundo.

em evidência oferecem uma opção muito mais séria em comparação à escassez de intervenções populares, positivas, no que diz respeito à maior parte das questões do cenário político. Não foi à toa que a revista *Time* declarou "o protestante" como a personalidade do ano de 2011, "por combinar as velhas técnicas com as novas tecnologias (...), por direcionar o planeta para um caminho mais democrático, apesar de algumas vezes mais perigoso, no século XXI".

Assim como em outras áreas, as fronteiras entre os diferentes tipos de experiência foram fundamentalmente alteradas pelas novidades tecnológicas. Para os cidadãos do século XXI, capazes tanto de ter acesso quanto de participar de grupos de muitos milhares e até mesmo milhões de pessoas, fazer "política" não é propriamente uma seleção de atos discretos em meio à série de altos e baixos da vida. Se estamos ou não cientes de nossa participação, é algo bem distante da questão: a ignorância tem sua carga política, da mesma forma que o ativismo. Da mesma forma que diversas operações, desde a cobrança de impostos de uma cidade até eleições e dados pessoais, migram continuamente para as redes digitais globais, a relevância política tanto da ação quanto da inércia também cresce em ritmo constante.

2.

Desde a abertura da internet para uso comercial e a criação da rede, em 1989, as mídias digitais foram aos poucos deixando de, simplesmente, informar sobre a política de nosso tempo, para ajudar a criá-la, de forma efetiva. Hoje em dia, da política dos protestos globais ao impacto do Wikileaks e do coletivo global de hackers Anonymous, as antigas balanças de poder estão deixando as mãos das minorias que historicamente monopolizaram o conhecimento e as ferramentas organizacionais com impressionante velocidade.

Contudo, a sedutora ideia de que o acesso à internet pode ser automaticamente equiparado à liberdade democrática não faz jus à complexidade da situação. Para citar apenas a exceção mais óbvia, a China apresenta ao mesmo tempo a maior população da internet – mais de 300 milhões de usuários, e o número não para de subir – e o mais sofisticado regime de monitoramento, censura e espionagem da rede. As ferramentas digitais podem colaborar com muitas liberdades, mas suas histórias estão longe de ser simples, e muito distantes da possibilidade de culminar em revolução ou em reformas profundas.

Entre tudo isso, talvez o maior perigo não seja a apatia, mas a inocência: a incapacidade de perceber claramente os potenciais e os obstáculos das ferramentas ao nosso dispor. Veja, por exemplo, a privacidade e a segurança on-line. O simples fato de que cada um de nós está deixando hoje uma série de pegadas digitais que serão visíveis por toda a eternidade implica importantes questões legais e éticas – cuja abordagem está bastante atrasada na maioria dos países.

O que deveria e o que significa de fato privacidade on-line – e que parcela de controle deveríamos ser capazes de exercer sobre informações de todos os tipos, depois que as despachamos ao mundo? Muitos legisladores, assim como cidadãos comuns, não possuem bases suficientes para elaborar uma resposta. A noção de que temos "direitos" dentro do espaço virtual, como consumidores e como cidadãos, ainda é tratada precariamente pela lei, atrasada até mesmo diante das formas mais conhecidas de criminalidade; e aplicar modelos legislativos já existentes aos espaços transnacionais criados pela internet é extremamente perigoso, sobretudo quando se trata da propriedade e da segurança de bens cuja realidade física se resume a simples partículas em uma nuvem de dados eletrônica.

Qualquer legislação abrangente demandará muitos anos – ou até mesmo décadas – para ficar pronta. Nesse meio-tempo, a responsabilidade por negociar as bases pelas quais informações pessoais podem ser mantidas de forma segura, em quantidades cada vez maiores, recai inevitavelmente sobre usuários comuns e interesses corporativos. Além disso, precisamos levar em conta os critérios pelos quais nossas ações mais amplas nos espaços digitais, desde mensagens enviadas em redes sociais até e-mails e uploads, serão julgadas e consideradas legais.

A única coisa que está clara é quão politicamente reais essas questões se tornaram. Depois dos atos de vandalismo ocorridos no Reino Unido em agosto de 2011, dois homens, que, separadamente, usaram mensagens no Facebook para incitar os ataques em Northwich Town, foram condenados a quatro anos de prisão cada um, apesar de nenhum deles ter realmente participado de nenhum dos eventos nem ter provocado nenhum dano físico. O que eles fizeram, observou o juiz, foi causar "pânico e terror em comunidades locais, por meio de boatos sobre ondas de violência" – um curioso reflexo do bem conhecido caso dos "bons" protestantes, contrários ao governo de qualquer lugar do mundo, sendo detidos por causa de suas tentativas de organizar ações políticas ou disseminar informações.

## 3.

Está claro que precisamos evoluir rapidamente no que diz respeito ao debate político na internet – e igualmente no que diz respeito a determinar que questões são verdadeiramente importantes. Como o escritor Evgeny Morozov observa em seu livro *The Net Delusion* [A ilusão da rede], publicado em 2011, "os visionários da tecnologia com os quais contamos para nos guiar em direção a um futuro digital melhor podem acabar resolvendo com perfeição o problema errado. (...) Como o único martelo que esses visionários possuem é a internet, não surpreende que qualquer problema político ou social seja representado como um prego virtual". A questão colocada por Morozov é muito importante: se existe alguma esperança, ela está no exame da tecnologia não isoladamente, mas sim como parte das arenas sociais e culturais específicas nas quais ela opera.

Quando se trata do impacto direto das novas tecnologias na política em si, primeiro devemos perguntar o que são, exatamente, os novos modos de ação política concebidos pelas redes digitais – e que modos tradicionais estão sendo facilitados em um novo grau, ou se tornando cada vez mais irrelevantes.

Aqui surgem três fatores cruciais: a capacidade dos indivíduos em perceber o que está acontecendo em torno deles e no que eles acreditam; a facilidade com que essas impressões podem ser compartilhadas e transmitidas; e a consequente facilidade em organizar rapidamente formas massivas de ação, que podem elas mesmas ser percebidas e comunicadas. Esse foi, essencialmente, o padrão de atividade que definiu os primeiros passos dos protestos da Primavera Árabe na Tunísia e no Egito – um padrão caracterizado não tanto pelo caráter moral irrepreensível, mas pelo ineditismo e pela eficácia em regiões há muito tempo controladas de forma extremamente rígida.

Contudo, mesmo que essas novas tecnologias e tendências favoreçam os cidadãos, em detrimento das autoridades centrais, como podemos apontar os "pregos virtuais", para usar o termo de Morozov, que representam um simples pensamento positivo, e onde os aparatos governamentais e os esforços individuais podem ser melhor empregados?

Um dos mais importantes pensadores globais nesse campo é o acadêmico norte-americano Tim Wu. A história tradicional da mídia, observa Wu em seu livro *The Master Switch* [O disjuntor], lançado em 2010, é uma caminhada a partir da abertura em direção ao monopólio. No começo do século XX, o surgimento do rádio alimentou, nos Estados Unidos e por todo o mundo, a esperança de que essa tecnologia iria nos levar a uma era de participação democrática sem precedentes. Porém, o que de fato ocorreu entre as décadas de 1920 e 1930 foi a transformação do rádio, de uma "mídia amplamente difundida", em um "grande negócio, dominado por um cartel do rádio": um encerramento econômico de possibilidades, que contribui mais do que qualquer programa de governo para restringir a liberdade de expressão possível nesta mídia em ascensão.

No que diz respeito à internet, Wu defende que ocorre algo diferente do que aconteceu com a mídia impressa, a televisão e o rádio. A natureza peculiar da internet – cuja "prioridade era o desenvolvimento humano mais do que o sistema em si" – denota que o que foi criado era "uma rede descentralizada, e que assim permaneceria". Contudo, "comando e controle políticos da internet" não são

O Grande Irmão está observando você – e sua conta no Facebook?

impossíveis – são apenas muito mais difíceis de executar do que em outras mídias.

Regimes autoritários, se estiverem cientes de suas ações, podem sem dúvida reunir força suficiente para rechaçar a maior parte dos protestos virtuais, ou das oportunidades para que eles surjam. Da mesma forma, leis malconcebidas ou práticas maliciosas de grandes empresas podem desvirtuar a maior parte dos pontos positivos que a internet apresenta hoje; ou encaminhar consumidores que buscam segurança e conveniência diretamente para as mãos de censores e monopólios. Tudo depende de o quanto nós – e aqueles que elegemos, ou a quem pagamos pelo privilégio do acesso digital – estamos alertas para tais possibilidades.

"A internet", Wu conclui,

> não é simplesmente o fantasma infinitamente maleável que todos nós costumamos imaginar", mas sim uma entidade física concreta, que pode ser dobrada ou quebrada. Apesar de esta rede ter sido projetada para conectar todos os usuários entre si em um mesmo nível, ela sempre foi dependente de um número limitado de conexões físicas, seja por meio de cabos ou de ondas, e de interruptores, operados por um número limitado de empresas, de cujo bom comportamento tudo depende.

Quanto mais cedo tomamos conhecimento das reais consequências desse fato, melhor. As estruturas abertas que sustentam a cultura digital frequentemente interagem de forma não muito fácil com sistemas políticos e comerciais preexistentes – e os melhores resultados, tanto para os indivíduos como para o mundo, só poderão surgir a partir de uma negociação em que todos os agentes estejam dispostos a aparar suas arestas com o mesmo grau de força e de sabedoria.

Apesar de mais significativos em termos globais, pode ser que os frutos desse processo sejam colhidos em maior parte não pelos mais ricos ou pela elite dominante, mas por aqueles povos e nações que, historicamente, não estiveram à frente em termos de desenvolvimento. Como os recentes exemplos do Oriente Médio e do norte da África nos mostram, a maior parte da aplicação mais apaixonada das possibilidades desta era digital veio daqueles que não foram seus pioneiros, mas que souberam aproveitar ao máximo a oportunidade oferecida por este salto tecnológico.

Veja o caso da Índia: um país onde não existe serviço equivalente ao sistema de seguridade social norte-americano nem ao seguro social britânico, onde apenas 33 milhões de pessoas (de um total de 1,2 bilhão) pagam imposto de renda, e apenas 60 milhões possuem passaporte. Como a revista *The New Yorker* destacou, em outubro de 2011, "centenas de milhões de indianos são praticamente invisíveis para o Estado (...), de forma que não conseguem abrir contas bancárias nem comprar chips de telefone celular com facilidade, e não podem usufruir dos serviços públicos que lhes são devidos".

Isso é uma realidade que o governo indiano vem tentando mudar por meio de uma iniciativa digital de grandes proporções, que visa atribuir a cada indivíduo no país um número único, de 12 dígitos, selecionado aleatoriamente, associado a dados biométricos: uma fotografia e impressões digitais e oculares.

No comando dessa iniciativa está Nandan Nilekani: fundador, em 1981, da empresa indiana de software Infosys, que hoje vale aproximadamente 30 bilhões de dólares. A iniciativa de Nilekani mostrou-se controversa, do ponto de vista da privacidade. No entanto, a partir do final de 2011 seu sistema havia começado a processar os dados de 400 mil pessoas por dia, em centros de cadastramento espalhados por todo o país, com projetos para aumentar esse fluxo para mais de um milhão de pessoas por dia em três anos.

Por meio desse processo, Nilekani está contribuindo para criar a infraestrutura de uma forma inteiramente nova de relacionamento entre o Estado e centenas de milhões de indianos – baseada não em milagres revolucionários, mas sim no princípio básico contido no ato de oferecer uma identidade, e na responsabilidade social que surge a partir disso.

4.

Observando as formas pelas quais as tecnologias digitais estão começando a ser utilizadas ao redor dos países em desenvolvimento, é possível perceber que o projeto de Nilekani se ajusta a um padrão reproduzido de muitas e variadas formas: iniciativas simples e de larga escala, com baixos requisitos técnicos, e que ajudam a criar maneiras completamente inéditas de participação e de acesso para muitos milhares de pessoas. Sistemas bancários baseados em contas de telefone celular estão se tornando cada vez mais corriqueiros nas Américas do Sul e Central, assim como formas de pagamento de impostos e até mesmo de votação por meio de celulares. A agricultura e a negociação de produtos estão sendo radicalmente alteradas pela simples eficiência que o acesso a preços e a informações sobre o mercado, via telefone celular, oferece.

Para dar apenas um exemplo, a telefonia celular em Bangladesh – país onde até o ano de 1999 não havia nenhum serviço desse tipo – alcançou, em 2010, a marca de cem por cento de penetração "virtual", o que significa que praticamente nenhum habitante do país vive sem acesso à comunicação móvel, seja por meio de familiares, amigos ou da comunidade. Enquanto isso, na África, existem hoje mais de 600 milhões de usuários de telefonia celular: número superior tanto ao dos Estados Unidos quanto ao da Europa.

A tecnologia digital, aqui, é ágil e maravilhosamente ajustada a seus objetivos em sua combinação de poder e flexibilidade, e em sua facilidade de integração até mesmo às condições e necessidades de vida mais básicas. Isso é o exato oposto do luxo, da autoindulgência e da alienação comumente associados ao impacto político das novas tecnologias no mundo desenvolvido: um fenômeno cuja política está fundamentada nas camadas mais baixas da sociedade, e não imposta pelas elites, o que representa o aspecto mais positivo de tudo.

Com a tecnologia ocupando um papel cada vez mais central no rompimento de noções estabelecidas quanto ao que é ou não "político", não há nada de ingênuo em acreditar que novas formas de participação e integração política possam surgir em paralelo a novas formas de conexão e identidade. Além disso, as estruturas abertas que sustentam boa parte dessa tecnologia representam um legado moderno e único, que devemos construir e passar para as gerações seguintes.

Assim como a arena política tradicional, os espaços digitais nos quais essas novas formas de contrato político e social estão sendo forjadas são indiscutivelmente sujeitos aos abalos provocados por conflitos, negociações e concessões. Para prosperarmos juntos, precisamos estar preparados para lutar por nossas liberdades dentro desses espaços: liberdade de expressão e protesto, acesso igual e irrestrito, privacidade individual e direito à propriedade de informação.

Em todas essas áreas existe uma necessidade urgente por legislação e regulamentação apropriadas. Contudo, no fim das contas, as forças que estão moldando nosso futuro político são ao mesmo tempo fluidas e altamente desenvolvidas: distribuídas de forma inédita por comunidades, movimentos e interesses interligados. Soluções parciais e centralizadas não vão nos proteger nem nos dar segurança. Novas negociações terão de ser empreendidas, e novas formas de inclusão, mais abrangentes, terão de ser exploradas: mas isso só irá ocorrer se todos os lados forem capazes de reunir sabedoria, ambição e confiança suficientes na capacidade coletiva de ação.

# Conclusão

Ao longo deste livro, tracei oito linhas de argumentação interligadas, que se moviam a partir de percepções individuais de tempo, atenção e compartilhamento, em direção às estruturas que as rodeiam: os valores culturais, políticos e éticos implícitos nos acontecimentos recentes da tecnologia digital. E ofereci conclusões que, espero, sejam úteis sobre o que significa prosperar dentro desses campos.

Acredito que devemos direcionar nossos olhares para a natureza de nossas experiências, mais do que para as ferramentas que estamos criando, caso desejemos compreender o presente. Devemos aproveitar essas experiências da melhor forma possível – mas também procurar reservar espaços em nossa vida livres dessas tecnologias e tomar o controle de nossa atenção, organizando nosso tempo de forma sábia, em vez de permitir que dispositivos que não são nunca desligados ditem os aspectos de todos os momentos. Isso significa encontrar um equilíbrio entre nossos hábitos de pensamento e de ação – e acreditar que é possível estabelecer diferentes formas de ser e de pensar, em resposta à pressão por estarmos constantemente conectados.

Devemos, também, procurar entender um pouco da história das ferramentas e dos serviços digitais que utilizamos e olhá-los de maneira crítica, da mesma forma como olhamos outras criações humanas, em vez de habitá-los como uma paisagem. Precisamos aprender não apenas a compartilhar, mas a compartilhar bem – e a fazer parte de comunidades digitais de forma íntegra, que estimule os outros a também ser íntegros. E devemos nos esforçar mais do que nunca para encontrar formas e ocasiões para sermos inteiramente nós mesmos; para nos valermos das riquezas culturais tanto do presente quanto do passado, e para fugir da pressão exercida pelo senso comum e pelas reações coletivas.

As ferramentas digitais que possuímos fazem com que diferentes formas de atuação pareçam fáceis e livres de consequências. Somos mais livres do que nunca para usar e abusar de outros, ou pelo menos de suas sombras digitais; para espalhar preconceitos e mentiras; para agirmos como meros autômatos em todos os campos, da sexualidade ao trabalho, passando pela criatividade.

Esse tipo de liberdade possui seus encantos; apesar disso, não é o único futuro possível que vejo estar sendo construído na internet, ou incorporado à arquitetura fundamental de uma era digital. Para cada problema e abuso local, o mundo hoje possui um sistema inédito de compartilhamento de informações e de ação coletiva, aberto e igualitário. Ainda não houve país nem organização capaz de controlá-lo, da mesma forma que nenhum serviço ou tendência – não importa quão poderosos sejam seus charmes ou seus defensores – foi capaz de colonizar integralmente nossa experiência digital.

Preservar e debater o futuro dessa abertura é tarefa para todos nós, principalmente para aqueles que cobram novas formas de relacionamento entre governos, cidadãos, corporações e associações. As questões em jogo não são sempre as mesmas. E, em alguns lugares, o número dessas questões já é espantosamente grande. Apesar disso, a maior parte das boas oportunidades está apenas começando a surgir.

Embora possam servir aos desejos e propósitos de grupos privilegiados, as tecnologias digitais também têm se mostrado um extraordinário mecanismo de mudança para aqueles menos favorecidos: a oportunidade de participar da comunidade de um país, das trocas comerciais e dos enormes reinos da cultura, da inovação e das ideias pela primeira vez.

Compreender e regulamentar esse terreno comum é um desafio comparável aos maiores já empreendidos na história humana; um em que bilhões, não mais apenas milhões, de agentes estão envolvidos e, cada vez mais, integrados. Nessa questão, como em quase tudo, nossos maiores problemas e as respostas promissoras habitam o mesmo local: as comunidades virtuais, repositórios de experiência e orientação, e em exemplos inspiradores ao redor do mundo. Nossas identidades digitais podem ser extremamente vulneráveis, mas em compensação não estamos a mais do que um clique de distância de algo ou alguém capaz de nos ajudar – se soubermos como procurar e o que pedir.

Por fim, existe a questão relacionada à nossa própria natureza – e aonde nossa inédita capacidade para autossatisfação e distração pode nos levar. A tecnologia pode ser uma fonte de prazer e um caminho em direção à ação no mundo, mas também possui o potencial para desequilibrar a vida dos indivíduos e das sociedades em torno dela. Para fazer parte dessa dicotomia de modo produtivo, precisamos distinguir entre a arena *tame*, cercada, da liberdade digital, e os desafios normalmente incipientes que a vida nos lança. Um não pode ser substituído pelo outro, nem nos ensinar a lidar com ele de forma completa. Entretanto, acredito que podemos aprender bastante sobre como domesticar (*tame*) pelo menos algumas áreas de nosso mundo, e a nos conectarmos aos cidadãos de hoje e do futuro.

Todos esses argumentos e crenças estão calcados em uma perspectiva humanista – da forma como acredito que todas as questões concernentes a como prosperar devem estar. Somos a única medida de nosso próprio sucesso, e essa medida não pode ser estabelecida de modo definitivo.

Há mais de dois mil anos, Aristóteles usou o termo *eudaimonia* para descrever a prosperidade e o engrandecimento humanos. Diferentemente de sucesso material ou prazer físico, *eudaimonia* significa viver no sentido mais humanamente possível. Do ponto de vista etimológico, é composta pela combinação das palavras "bom" e "espírito guardião", e implica um estado semelhante a ser observado por uma entidade divina.

Para determinar a natureza da *eudaimonia*, Aristóteles recorreu a outro conceito, relacionado: *areté*, que significa virtude ou excelência. Ser o melhor ser humano possível significava atingir a excelência nas formas mais nobres de realização humana. E estas, segundo Aristóteles, eram os campos da virtude e da razão: faculdades exclusivas dos seres humanos, entre todos os seres vivos.

Uma vida de contemplação virtuosa, hoje, pode estar longe de parecer uma resposta satisfatória – ou viável – para a maioria das pessoas, no que tange à questão da prosperidade. Contudo, parece óbvio, ao olharmos para a situação atual e futura da tecnologia, que nossas realizações e potenciais mais notáveis ainda residam no campo mental e que qualquer forma de excelência esteja intimamente ligada tanto à nossa razão quanto à nossa virtude.

Afirmar que somos a única medida de nosso próprio sucesso pode ser posto de outra forma: que somos a única medida do sucesso uns dos outros. Assim como palavras, nossas identidades possuem pouco significado fora de contexto. Nós nos inventamos e reinventamos constantemente.

Hoje em dia, esse processo significa representar um personagem completamente novo em meio à coletividade mutante do mundo digital. A razão – um dos atributos que Aristóteles afirmou ser exclusivo da humanidade – é hoje propriedade também de nossas ferramentas: máquinas cada vez mais complexas, construídas por nós, e que estão ajudando a nos reconstruir em resposta. Entretanto, esse processo não precisa nos diminuir. Pelo contrário, devemos tentar ir cada vez mais fundo no questionamento sobre o que nos faz humanos, em última instância, e o que nos une uns aos outros.

Como o escritor norte-americano Brian Christian – que se baseia fortemente em Aristóteles – escreveu em seu livro *The Most Human Human* [O maior humano humano], publicado em 2011, "se existe uma coisa pela qual a humanidade é culpada, há bastante tempo – desde a Antiguidade, pelo menos –, é por uma espécie de altivez, uma espécie de superioridade". Essa superioridade está presente, acima de tudo, no campo intelectual: a percepção da singularidade de nossa mente e de seu indiscutível status privilegiado no universo.

Hoje, somos desafiados de forma sem precedentes. Somos desafiados pela lógica instantânea e pelas capacidades infinitas de nossas máquinas; pela presença digital de muitos bilhões de seres

A escola de Atenas: lições duradouras de como viver uma vida equilibrada, e nenhum iPad à vista.

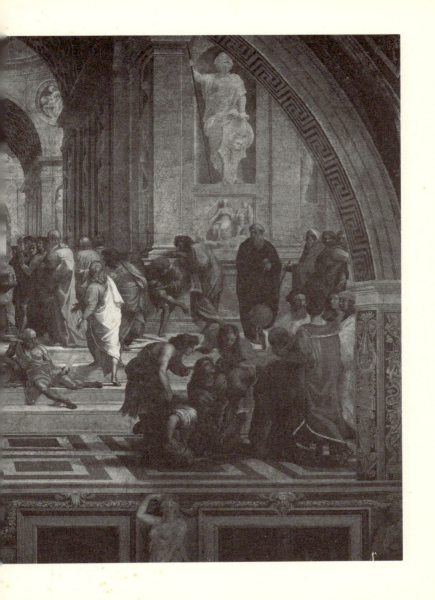

humanos; por bilhões de vezes essa quantidade de dados; e pelo que isso provoca em nosso senso de altivez e de autoridade. Ao mesmo tempo, estamos diante também de oportunidades inéditas, tanto para a ação quanto para a reflexão.

Prosperar significa enfrentar esses desafios. Será que estamos prontos? Nem todos, e não o tempo todo. Hoje, em uma era de conexões e interconexões que se espalham de modo inédito, tanto as recompensas quanto o preço pelas derrotas são mais altos do que jamais foram. Entretanto, acima de tudo, é preciso começar – ligar, carregar, sintonizar – e descobrir, juntos, o que podemos nos tornar.

# Dever de casa

A tecnologia muda de forma tão rápida que pode ser difícil saber para onde se virar em busca de ideias sólidas. Estes autores e fontes forneceram boa parte do incentivo intelectual que há por trás deste livro – e espero que eles também inspirem você.

## Introdução

O conto de E. M. Forster "The Machine Stops" [A máquina para], escrito em 1909, permanece um dos mais delicadamente imaginativos trabalhos sobre o que as futuras tecnologias significariam para a humanidade (*Collected Stories*, Penguin, 2001).

Publicado pela primeira vez em 1934, *Technics and Civilization* [Técnicas e civilização], de Lewis Mumford, foi o primeiro trabalho verdadeiramente sobre filosofia tecnológica e permanece um importante marco na história do exame de como as tecnologias nos transformam conforme as usamos (University of Chicago, 2010).

*What Technology Wants* [O que a tecnologia quer], de Kevin Kelly, é um livro abrangente e provocativo baseado no incomum dispositivo de personificar a tecnologia e perguntar o que "ela" quer que nós façamos (Viking, 2010).

A bíblia da tecnologia moderna, a revista *Wired*, é uma parada essencial para sentir e olhar para o futuro como os geeks adorariam conhecê-lo.

Se você quer experimentar uma visão do futuro digital em pessoa, dê uma passada em alguma loja da Apple de Londres ou de Nova York e aprecie os rostos de adoração dos compradores.

## 1. Do passado ao presente

A biografia de Alan Turing escrita por David Leavitt, *O homem que sabia demais* (Novo Conceito, 2007), é um relato útil sobre o gênio fundador da computação e o contexto histórico de seu trabalho – e da terrível tristeza de Turing ao fim da vida.

Algum conhecimento tanto de matemática quanto de filosofia é vital para o entendimento de muitas ideias tecnológicas; uma charmosa introdução aos dois pode ser encontrada no graphic novel *Logicomix*, de Apostolos Doxiadis e Christos H. Papadimitriou (Bloomsbury, 2009).

O livro de Marshall McLuhan, *Os meios de comunicação como extensões do homem* (Cultrix, 1996), publicado pela primeira vez em 1964, permanece um relato influente e profético sobre o que a difusão da mídia significa para as vidas modernas.

*Weaving The Web* [Tecendo a rede], de Tim Berners-Lee – o criador da World Wide Web –, apresenta uma história definitiva de o quanto do mundo digital veio a ser como ele é hoje (Orion, 1999).

*Nevasca* (Editora Aleph, 2008), terceiro romance de Neal Stephenson, foi lançado em 1992, e sua ideia de possíveis futuros cibernéticos teve influência real em pensamentos subsequentes.

De todos os filmes recentes focados no futuro, pode-se dizer que *Minority Report* contém o mais persuasivo e completamente imaginado cenário de nosso futuro iminente.

## 2. Os momentos conectados e os momentos desconectados

Para sabedoria duradoura pertinente ao impacto de nossas criações na nossa vida, os escritos de Platão – produzidos quando o próprio ato de escrever ainda era uma tecnologia relativamente nova – valem sempre a pena ser revisitados, e *Fedro* em particular.

O primeiro volume de *Uma nova história da filosofia ocidental* (Loyola, 2008) também apresenta um resumo inteligente e sucinto da obra de Platão e sua época.

*The Case for Working With Your Hands*, de Matthew Crawford [Argumento para se trabalhar com as suas mãos], é um profundo contrapeso de afeição contemporânea para máquinas complexas (Viking, 2010).

Em *The Nature of Technology* [A natureza da tecnologia], W. Brian Arthur volta ao básico do que a tecnologia pode – e não pode – fazer por nós, e o que a está levando adiante (Penguin, 2010).

*A geração superficial*, de Nicholas Carr (Agir, 2011), defende os valores da leitura off-line e as alegrias de momentos passados longe de aparatos digitais.

Uma das críticas mais espirituosas do mundo sobre tudo o que é digital pode ser encontrado na webcomics xkcd.com – risada essencial para geeks que querem pensar sob uma nova perspectiva.

## 3. Assumir o controle

*Alone Together*, de Sherry Turkle (Basic Books, 2011), apresenta um relato atento do impacto das tecnologias emergentes no dia a dia e nas nossas relações uns com os outros.

Uma das mais refinadas articulações sobre o ceticismo racional do século XX, o livro *O mundo assombrado pelos demônios*, de Carl Sagan (Companhia das Letras, 2006), é um guia perfeito para as vulnerabilidades humanas.

*Ensaio acerca do entendimento humano*, de John Locke (Abril Cultural, 1997) – citado nesse capítulo –, permanece uma exposição brilhante sobre a natureza do pensamento. O capítulo 19, "Dos modos de pensar", é particularmente relevante para este livro.

On-line, o site Lifehacker.com está cheio de conselhos sobre como "hackear" sua própria vida e alcançar produtividade e foco.

Para aqueles que buscam recobrir um sentido de devaneio em suas vidas, os ensaios de Montaigne permanecem entre os mais refinados relatos da história sobre a vida livre da mente.

Se você quer ter controle da própria vida escrita, tente fazer o download de um aplicativo gratuito como o Dark Room, que fecha todas as telas que estimulam outras coisas que não a escrita pura e simples.

Para o antídoto natural à superficialidade, visite o arquivo on-line gratuito de entrevistas da *Paris Review* com autores de T. S. Eliot a Umberto Eco no www.theparisreview.org/interviews.

## 4. Reenquadrando a tecnologia

Através da vida de quatro eminentes vitorianos, *The Philosophical Breakfast Club* [O clube do café da manhã filosófico], de Laura J. Snyder (Broadway Books, 2011), fornece um rico contexto para o desenvolvimento da cultura científica moderna como a conhecemos.

Uma história da mídia e dos monopólios através do século XX, *The Master Switch* [O disjuntor], de Tim Wu (Atlantic, 2011), explica em detalhes a importância de estruturas de mídia abertas e responsáveis.

*Googled: a história da maior empresa do mundo virtual*, de Ken Auletta (Agir, 2011), e *O efeito Facebook* (Intrínseca, 2011), de David Kirkpatrick, contam, com detalhes de pessoas de dentro, as histórias de duas das mais importantes corporações da última década.

A biografia do ex-diretor da Apple Steve Jobs escrita por Walter Isaacson (Companhia das Letras, 2011) em alguns momentos apresenta insights surpreendentes sobre a vida de uma das forças motrizes por trás do presente digital.

Uma das melhores cornucópias on-line, tanto de artefatos da cultura pop quanto das tecnologias caseiras, é o blog BoingBoing.net.

Use a rede para trazer história ao seu desktop acessando o extraordinário site da Oxford com os primeiros manuscritos image.ox.ac.uk – ele apresenta scanners gratuitos e requintadamente detalhados de centenas de documentos antigos.

## 5. Compartilhamento, expertise e o fim da autoridade

Dois livros mencionados nesse capítulo – *Free Ride* (Bodley Head, 2011) e *O culto do amador* (Zahar, 2009) – estudam minuciosamente o lado mais obscuro das consequências econômicas e intelectuais da internet.

Uma visão mais positiva dos potenciais digitais e do compartilhamento pode ser encontrada nos livros de Clay Shirky que exaltam a nova ordem da mídia, *Lá vem todo mundo* (Zahar, 2012) e *A cultura da participação* (Zahar, 2011).

Talvez o melhor livro escrito sobre por que estar on-line não significa ruína intelectual, melancolia e aborrecimento seja *Tudo que é ruim é bom para você*, de Steven Johnson (Zahar, 2012).

*A cultura da convergência*, de Henry Jenkins (Editora Aleph, 2009), permanece um dos textos clássicos que exploram as consequências da nova mídia tanto para a alta quanto para a baixa cultura.

Para aqueles que gostam de uma leitura on-line filosoficamente letrada e debatida em detalhes, o blog CrookedTimber.org é um dos melhores.

Uma demonstração perfeita de como a rede pode deixar a alta cultura intelectual orgulhosa, o podcast Philosophy Bites (www.philosophybites.com) oferece centenas de entrevistas com os maiores pensadores ainda vivos para se ouvir gratuitamente.

## 6. Sobre como se tornar menos que humano

Para uma visão eloquentemente provocativa sobre pornografia e o futuro do sexo, *Pornoland* (Thames and Hudson, 2004) – uma bela edição de capa dura com texto de Martin Amis e fotografia de Stefano De Luigi – se aprofunda nas obsessões contemporâneas.

Um outro clássico sobre reportagem erótica com vários insights para o presente é o ensaio de David Foster Wallace "Big Red Son" [Grande filho vermelho], incluído no livro *Consider the Lobster* [Pense na lagosta] (Abacus, 2007).

Em ficção, os romances da série "A Cultura", de Iain M. Banks – de *Consider Phlebas* [Pense em Phlebas] (Orbit, 1988) a *Surface Detail* [Detalhe de superfície] (Orbit, 2010) –, estão ambos um nível acima da simples ficção científica e são radicais em sua criação de possíveis comportamentos sexuais de uma sociedade suficientemente avançada.

O relatório de 2008 Byron Review, comissionado pelo governo britânico sob o título "Safer Children in a Digital World" [Crianças mais seguras em um mundo digital], apresenta uma avaliação pragmática e baseada em evidências dos perigos e mitos que cercam a cultura jovem digital. Pode ser baixado gratuitamente via Departamento de Educação no site www.education.gov.uk/publications/standard/publicationdetail/page1/DCSF-00334-2008.

Para liberdade pessoal e formas originais de paquera, continua valendo a pena explorar e ler sobre o ambiente virtual clássico Second Life. O livro de Tim Guest *Second Lives* [Segundas vidas] é uma boa opção para se começar.

## 7. Diversão e prazer

*Play Money* [Dinheiro de brincadeira], de Julian Dibbell (Basic Books, 2006), é um dos livros mais incomuns sobre o mundo digital que já foi publicado: é a história, contada de forma refletida, sobre como o autor passou um ano inteiro vivendo inteiramente de comprar e vender itens virtuais por dinheiro real.

O romance de Greg Bear, *City and the End of Time* [Cidade e o fim dos tempos] (Gollancz, 2008), é uma fantasia rica e inquietante que explora o possível futuro das civilizações e sua autodestruição.

Na tela, o original filme *Matrix* de 1999 permanece uma das mais gloriosamente energéticas fantasias sobre a realidade virtual já concebida; enquanto o filme mais recente, *Contra o tempo*, oferece uma exploração das possibilidades virtuais mais engajada emocionalmente – embora ainda assim vibrante.

Para discussões para abrir a mente sobre mundos virtuais e muito mais além do on-line, o blog Terra Nova (terranova.blogs.com) é o melhor lugar para debates e ideias on-line.

Se você quiser experimentar mundos virtuais complexos sozinho, divertimento casual agradável pode ser encontrado em jogos como World of Warcraft – ou um divertimento de mais alto grau no EVE Online. *Star Wars: The Old Republic* também oferece um ambiente digital lindamente detalhado para você explorar.

Jogos on-line free-to-play são mais bem experimentados através de sites como o Kongregate.com, o qual reúne milhares de amadores e uma comunidade franca de jogadores.

## 8. A nova forma de se fazer política

Para entender as questões humanas centrais da política contemporânea, *A virtude soberana*, de Ronald Dworkin (Martins Fontes, 2011), apresenta seus argumentos para defender que a igualdade esteja no cerne das sociedades.

Os grandes desafios morais do século XXI raramente foram articulados de forma tão eloquente quanto pelo filósofo Peter Singer no *A vida que podemos salvar* (Gradiva, 2012).

A mais efetiva demolição contemporânea das aspirações utópicas que cercam as políticas e tecnologias digitais é o livro de Evgeny Morozov, *The Net Delusion* [A ilusão da rede] (Allen Lane, 2011).

Outra polêmica útil é *O filtro invisível*, de Eli Pariser (Zahar, 2012), que revela os bastidores da política de customização e coleta de dados.

A coleção de ensaios de Cory Doctorow, *Context* (Tachycon, 2011), apresenta um relato extremamente informado sobre como pode ser o melhor ativismo digital.

Todos os estudantes digitais da natureza humana podem achar algo que desafie os contextos estabelecidos no blog do economista Robin Hanson, Overcoming Bias (www.overcomingbias.com).

## Conclusão

No que diz respeito ao que significa viver bem no presente, *Godless Morality* [Moralidade ímpia] (Canongate, 2004) permanece um ponto de partida perspicaz e claro para se entender os princípios básicos da ética.

Entre os livros de tecnologia mais filosoficamente bem-escritos dos últimos anos, *The Most Human Human*, de Brian Christian (Viking, 2011), conta a história da entrada do autor no anual "Turing test", criado para ver se uma máquina pode ludibriar um interlocutor a achar que ela é humana.

*Você não é um aplicativo*, de Jaron Lanier (Saraiva Editora, 2010), é um manifesto curto e apaixonado sobre o que tecnologia e humanidade deveriam significar respectivamente.

Uma das melhores visões ficcionais sobre a pequenez de nossa compreensão em face das infinitas possibilidades continua sendo o romance de 1961 de Lem Stanislaw, *Solaris* (Relume Dumará, 2003).

Outro texto vertiginoso no qual terminar é o romance de ficção científica de Greg Egan, *Diaspora* (Gollancz, 2008).

# Créditos das imagens e dos textos

O autor e a editora gostariam de agradecer às pessoas e instituições abaixo pela permissão de reprodução das imagens utilizadas nesse livro

Cultura de nuvem © Jeffrey Coolidge/Getty Images
Hieróglifos © De Agostini/Getty Images
Via Láctea © Design Pics Inc./Alarmy
Dempsey vs. Carpentier © Corbis
Relógio sem ponteiros © Aaron Foster/Getty Images
Ilusão rostos/vaso © John Woodcock/iStockphoto
Frenologia © World History Archive/Alamy
Meu caderno © Anthony Irvine 2011
Vale do Silício © Ian Philip Miller/Getty Images
Scan de retina © James King-Holmes/Science Photo Library
Panthéon em Paris © Andrew Ward/LifeFile/Getty Images
Cartão postal erótico dos anos 1920 © IBL Collections/Mary Evans Picture Library
Cibercafé © Martin Puddy/Getty Images
Occupy Seattle © Marilyn Dunstan Photography/Alamy
CCTV © Gillian Blease/Getty Images
Escola de Atenas © SuperStock/Getty Images

Todas as outras imagens foram cortesia.

Todo esforço foi feito para contactar os detentores dos direitos de imagem dos materiais reproduzidos nesse livro. Se alguma foi inadvertidamente negligenciada, a editora fará a restituição o mais rápido possível.

p.11 - trecho retirado do blog de Kevin Kelly www.kk.org/thetechnium/

p.60 - trecho retirado do livro *A geração superficial: o que a internet está fazendo com o nosso cérebro*, de Nicholas Carr (Agir, 2011)

p.91 - trecho retirado do livro *Free Ride* [Livre acesso], de Robert Levine (Random House, 2011)

p.103 - trecho retirado do prefácio do livro *Crash*, de J.G. Ballard (Jonathan Cape, 1973)

p.145 - trecho retirado do *The Net Delusion* [A ilusão da rede], de Evgeny Morozov (Perseus Books/Penguin/Brockman, 2011)

p.148 - trecho retirado do livro *The Master Switch* [O disjuntor], de Tim Wu (Random House US/Atlantic Books/Janklow and Nesbit, 2010)

p.159 - trecho retirado do livro *The Most Human Human* [O maior humano humano], de Brian Christian (Random House/Viking UK, 2010)

Anotações

Se você gostou deste livro e quer ler mais sobre as grandes questões da vida, pode pesquisar sobre os outros livros da série em www.objetiva.com.br.

Se você gostaria de explorar ideias para seu dia a dia, THE SCHOOL OF LIFE oferece um programa regular de aulas, fins de semana, sermões seculares e eventos em Londres e em outras cidades do mundo. Visite www.theschooloflife.com

**Como viver na era digital**
Tom Chatfield

**Como pensar mais sobre sexo**
Alain de Botton

**Como mudar o mundo**
John-Paul Flintoff

**Como se preocupar menos com dinheiro**
John Armstrong

**Como manter a mente sã**
Philippa Perry

**Como encontrar o trabalho da sua vida**
Roman Krznaric

Impressão e Acabamento: